FSC
www.fsc.org
MIX
Paperi vastuul -
lisista lähteistä
Paper from
responsible sources
FSC® C105338

AF569957

Aurelius Augustinus 354–430, kristinuskon aseman huomattavin vakauttaja aikanaan, hänen jälkivaikutuksensa arvioidaan kirkkoisistä suurimmaksi. Varhaisin kuva Augustinuksesta on tämä 500-luvun alusta. Tuolloin löydettiin kirkkoisien tekstejä varustettuina heidän kuvallaan. Kuvan oletetaan tavoittavan näköisyyttä. Kuva on Rooman Lateraanikirkossa.

AUGUSTINUS

JUMALAN VALTIO, De Civitate Dei Kirja XII

IHMISEN LUONNON LAATU JA LUOMINEN ILMOITUKSEN JA LUONNONFILOSOFIOIDEN MUKAAN

Scriptus anno Domini 417

Latinasta suomentanut, alaviitteillä varustanut ja painattanut Valtteri Olli

Kustantaja: BoD/TM – Books on Demand

Ensimmäinen painos Helsinki 2022

Suomennoksen alkuteksti:

Aurelius Augustinus: DE CIVITATE DEI, Liber XII
CCL, Corpus Christianorum Saries Latina, XLVII/XIV
ed. B. Dombart / A. Kalib, Turnhout 1955,

Kustantaja: BoD – Books on Demand, Helsinki Suomi

Valmistaja: BoD – Books on Demand GmbH, Norderstedt, Saksa

Kirjastoluokka 22.2073

ISBN: 978-952-80-6094-9

KÄÄNTÄJÄN ESIPUHE

Kristillisten totuuksien etsijälle!
Augustinus kirjoitti Jumalan Valtio -teoksensa osat XI–XXII käsittelemään Jumalan hallintaa maailman historiassa kristinuskon näkökulmasta, käsiteltyään osissa I–X Jumalan hallintaa pakanauskontojen historian valossa. Aiemmin latinasta suomentamani osa XI on johdanto kristinuskon osuudelle. Se käsittelee luomista enkeleihin saakka, ja kristinuskon ja filosofian peruskäsitteitä, mm. itse elämää ja sen tasoja, enkeleiden ja ihmisten luontoa, tahtoa, hyvyyttä, uskoa Kolminaisuuteen sekä antiikin perusfilosofioita.

Käsillä oleva osa XII käsittelee ihmisen luonnon ja tahdon luomista ja syntymistä Jumalan Ilmoituksen, tieteen ja luonnonfilosofioiden uskomusten mukaan Adamin ja Eevan luomiseen asti. Hän tarkastelee 28 alaluvussa, joiden aiheet ovat seuraavilla ss. 5–8, olentojen luonnon ja tahdon luomisen tekijöitä, ajoittumista maailmanhistoriassa, niiden hyvyyden syitä ja merkityksiä ihmisen onnelle, autuudelle ja yhteisölle, eli valtiolle. Tämän osuuden hän kirjoitti samana v. 417 kuin osat XI ja XIII. Jälkimmäisessä alkaa Adamin jälkeinen valtioiden vaihe.

Tavoitteenani kirjan kääntämiselle pappina ja Augustinus-tutkijana yleisesti edelleenkin on lisätä ensiarvoisen kristillisen kirjallisuuden ja Augustinus-tuntemuksen harrastusta. Onhan kyseessä apostolien ajan jälkeen kirkkohistorian huomattavin Raamatun selittäjä Lutherin ohella, kuten Luterilaisen kirkon Tunnustuskirjojen Yksimielisyyden ohjeen johdantokin myöntää. Lisäksi toivon taaskin muun ohella, että tämä käännökseni vauhdittaa toistaiseksi julkaisemattoman Jumalan valtio -teoksen toisen osan julkaisemista. Onhan Heikki Koskenniemen WSOY:n kautta julkaistusta ensimmäisestä osasta (kirjat 1–10) kulunut julkaisustaan v. 2003 peräti jo liki parikymmentä vuotta. Ja kuitenkin on kysymys mainitunlaisen, huomattavimman Raamatun selittäjän toisen pääteoksensa tärkeimmästä osasta. Tunnustuksia-teoksensahan arvostetaan toisena hänen pääteoksenaan.

Olen aikaisempien, ensi kertaa latinasta suomeen kääntämieni Augustinuksen teosten (Herramme Vuorisaarna, De sermone Domini in monte, ja Kristillinen Opetus, De Doctrina Christiana sekä Jumalan Valtio XI kirja, De Civitate Dei, XI) suomennusperiaatteistani sanonut, että tähtään mahdollisimman täsmälliseen käännökseen, joka kuitenkin olisi kyllin joustavaa kaikille kiinnostuneille luettavaksi. Tämä tälläkin kertaa on ollut tavoitteeni.

Käännöstyöni yhteydessä olen pitänyt silmällä yhtä englantilaista käännöstä (St Augustine, concerning The City of God against the Pagans, a new translation by Henry Bettenson with an introduction by John O´Meara, Penguin Classics). Vaikka tämä käännös on varsin vapaa, joskus jopa pikemminkin kommentointia, se tyydyttävästi tuo esiin Augustinuksen perusajatukset ymmärrettävällä englannilla, jonka kielen riittävän taidon omaaville suosittelen sitä luettavaksi, kunnes suomennos on saatavilla. Kriittisissä kohdissa olen silmäillyt myös saksankielistä laitosta (Bibliothek der Kirchenvater, Augustinus, Zweiundzwanzig Bücher über den Gottesstaat, Buch 12). Tämä käännös noudattanee englantilaista tarkemmin Augustinuksen ilmaisuja ja kielioppia. Suosittelen sitä saksantaitoisille. – Sisällysluettelon ja indeksien ohella on 126 kpl sivujen alaviitteitäni, jotka antavat lisätietoja Augustinuksen ajatuksiin, joiden siunauksiin näin suljen lukijani.

Nivalassa, Aatamin ja Eevan päivänä 24.12 2021 Valtteri Olli

SISÄLLYSLUETTELO

[1] Herakleitos, efesolainen (n. 540–480 eKr.). Todellisuus on jatkuvaa muutosta, "kaikki virtaa" järkkymättömän, jumalallisen lain (logos) mukaan, jossa vastakohdat tasapainottavat toisiaan sotien toisiaan vastaan ("sota on kaiken olevaisen isä"). Herakleitoksella on huomattava vaikutus Platoniin, stoalaisiin, Hegeliin, Nietzscheen ja marxilaisuuteen (Otavan suuri tietosanakirja, Herakleitos). Kts. edellä XII,12 ja sen ensimmäinen alaindeksi.

LYHENTEET

Apol.	Apologia, Augsburgin Tunnustuksen (CA) puolustus.
CA	Confessiones Augustana, Augsburgin Tunnustus
Conf.	Confessiones, Tunnustuksia, Augustinuksen toinen pääteos, De Civitate Dei, Jumalan valtio -teoksen, ohella
Deut.	Deuteronomium, 5. Mooseksen kirja
Engl. editio	St Augustine, concerning The City of God against the Pagans, a new translation by Henry Bettenson with an introduction by John O´Meara, Penguin Classics, 1984 London
etc.	et cetera, jne.
Ex.	Exodus, 2. Mooseksen kirja
Gen.	Genesis, 1. Mooseksen kirja, muista Raamatun kirjoista kuin Mooseksen kirjoista käytetään suomenkielisen nimen lyhennystä
ind./indd.	Indeksi, indeksit; konsonantin toisto tarkoittaa monikkoa
KO	Kristinoppi
KR	Kirkkoraamattu, v. 1938
Kts.	katso
Lat.	latinaksi
LXX	Septuaginta, Vanhan Testamentin kreikankielinen käännös
q.v.	quae vide, ”katso tätä”, viittaa lähempiin selvityksiin
Saks. editio	Bibliothek der Kirchenvater, Augustinus, Zweiundzwanzig Bücher über den Gottesstaat, Buch 12.
Snl.	Sanalaskut, Raamatun
s.	seuraava, so. mainitusta kohdasta eteenpäin, numeron edellä lähdeviittauksissa tarkoittaa kuitenkin ao. sivua
sg.	singulaari, vrt. pl. pluraali
ss.	sivut
Streng	Adolf V. Streng, Latinalais-suomalainen sanakirja
vrt.	vertaa
WA	Weimarer Ausgabe, Martin Luthers Werke, Kritische Gesamt-ausgabe, Weimarer, 1883 s., M Lutherin tuotannon kriittiset laitokset

LÄHTEET

Latinankieliset:

Augustinus, De Civitate Dei, liber XII, Corpus Christianorum Saries Latina, XLVII/XIV, ed. B. Dombart / A. Kalib, Turnhout 1955

KÄÄNNÖKSIÄ:

Englanniksi: St Augustine, concerning The City of God against the Pagans, a new translation by Henry Bettenson with an introduction by John O´Meara, Penguin Classics, 1984 London

Saksaksi: Bibliothek der Kirchenvater, Augustinus, Zweiundzwanzig Bücher über den Gottesstaat, Buch 12.

KIRJALLISUUTTA

Kääntäjän, Valtteri Ollin, aikaisemmin latinan kielestä tekemien Augustinuksen teosten suomennokset sekä pro gradu -tutkielmansa jälkitarkistettu julkaisu:

1989 Augustinus, Herramme Vuorisaarna, De Sermone Domini in monte
2009 Augustinus, Kristillinen Opetus, De Doctrina Christiana
2014 V Olli, Kirkkoisä Augustinuksen Syntikäsitys Confessiones -teoksessa, Valtteri Ollin pro gradu dogmatiikassa jälkitarkastelemanaan. (Sisältää mm. luettelon A:n tuotannosta ja suomennoksia A:n lausunnoista töistänsä.)
2019 Augustinus, Jumalan Valtio XI kirja, De Civitate Dei XI 1–34, Johdatus kristilliseen luomisuskoon ja kristinuskon historiaan.
Tietoja kääntäjästä, kotisivunsa: www.kotinet.com/valtteri.olli

Muuta suomennettua Augustinuksen tuotantoa:

1982 Henki ja Kirjain, De Spiritu et littera, latinasta suomentanut prof. J Thurén
2003 Tunnustukset, Confessiones, suomentanut Otto Lakka, suomennoksen tarkistanut Yrjö-Otto Lakka
2003 Jumalan Valtio, De Civitate Dei, osa I (kirjat 1–10), suom. Heikki Koskenniemi

Muiden suomennosten osalta, katso **Augustinus, Kristillinen Opetus**, s. 242.

Bibliografioita Augustinuksesta:

1969 Brown Peter, Augustine of Hippo, a biography by P B, London
1973 Andresen Carl, Bibliografia Augustana, Darmstadt

Augustinus-tutkijoita:

1920 Schanz, Martin, Geschichte der Römischen Literatur, IV, 398–472, München
1974 Fischer, Josef, Confessiones, Kommentar, Aschendorffs
1976 Theologische Realenzyklopädie (TRE), hrsg. von Gerhard Grause und Gerhard Müller, IV, 646-723, Berlin, I Augustin, Leben, Innere Entwicklung und Theologie
1998 Nieminen, Pekka, kirkkoisä ja armon opettaja, englannin kielestä kääntänyt P N, kertonut Ben Alex, kuvittanut Giuseppe Rava, Sley-kirjat

Muiden tutkijoiden osalta, katso **Augustinus, Kristillinen Opetus**, s. 243 ja V Olli, Kirkkoisä Augustinuksen Syntikäsitys Confessiones-teoksessa, s. 180 s.

MUUTA KRISTINUSKOA KÄSITTELEVÄÄ KIRJALLISUUTTA:

Biblia Sacra; alaindekseissä on viitattu eräistä näihin, sekä cd-rom Raamatuista:

– The Holy Bible, Authorized King James Version, Oxford

1933/1938 Pyhä Raamattu

1935 Septuaginta, id est Testamentum Graece iuxta LXX interpretes, editio nona, vol. I–II, Stuttgart

1963 Novum Testamentum, Graece et Latine, Der griechische Teil entspricht der 25. Aufl. 1963, Aland, Nestle, London

1974 Bibeln, i överensstämmelse med den av konungen år 1917 gillade och stadfästa översättningen, Nacka

1974 Lutherbibel erklärt, Stuttgart

1967 Biblia Hebraica Stuttgartensia, Stuttgart

1976 Biblia Sacra iuxta Vulgatam versionem I–II, zweite verbesserte Auflage, Stuttgart

2000 BittiPiplia, Raamattuohjelma, cd-rom, sisältää em. versiot (Lutherbibel 1984) sekä uudempia suomalaisia ja englantilaisia Raamatun käännöksiä, Agricolan v. 1548 UT ja v. 1642 Raamatun, vironkielisen 1997 Raamatun, lisäksi mm. 1986 virsikirjan ja Evankeliumikirjan. Suomen Pipliaseura, Helsinki; ja

2019 **Raamattu.uskonkirjat.net** -tiedosto, käsittää yllä mainittuja ja laajan valikoiman nykyisiä ja klassisia erikielisiä Raamattuja (Googlen kautta)

1948 Evankelis-luterilaisen kirkon tunnustuskirjat, suomentanut A E Koskenniemi

Lutherin tuotannon suomennoksia ja cd-rom:

1883 Häälahja eli neuwoja pitämään Jumalalle otollista ja siunattua perhe- ja avioelämää, koonnut Ch. Ph. H. Brandt, neljäs painos, Helsinki

1939 Juutalaisista ja heidän valheistaan, suom. T.T. Karanko, Helsinki

1941 Kirkkopostilla I–III, suom. A. E. Koskenniemi, Helsinki

1945 Huonepostilla, 6. painos, suom. Niilo E Vainio, Helsinki

1952 Hengellinen virvoittaja, jokapäiväisiä Jumalan sanan tutkisteluja Lutherin kirjoista kokoilleet J.L. Pasig ja GEO. Link, Helsinki

1955 Matkaevästä, Lutherin teoksista koottuja tutkiskeluja vuoden kullekin päivälle, suom. T. V. Toivio, 3. pain., näköispainos 1993, Jyväskylä

1957 Pyhän Paavalin Galatalaiskirjeen selitys, latinasta suomentanut A. E. Koskenniemi, Helsinki

1963 Syvyydestä minä huudan. Mm. kolme Isä meidän -rukouksen selitystä ja Ps. 130. Suomentanut K. Kaski, toim. L. Pinomaa, Porvoo

1966 Minä tunnustin syntini, L:n selityksiä ja opetuksia katumuspsalmeihin, sakramenteista, ripistä, Raamatun eri kohdista, otteita Schmalkaldenin artikloista. Toimittanut L Pinomaa, Porvoo.

1967 En Minä Kuole Vaan Elän, antologia, Ossi Kettunen, Ahti Hakamies, Teivas Oksala, Pieksämäki

1968 Kristityn vapaudesta, esipuhe L Pinomaa, Kotka

1982 Sidottu Ratkaisuvalta, De servo arbitrio, suom. A E Koskenniemi, Turku

1983 Laki ja evankeliumi, I ja II väittely antinomisteja vastaan, Helsinki, latinasta suom. Erkki Koskenniemi, Helsinki

1983 Valitut teokset I–III, toim. L Pinomaa, Juva
– Roomalaiskirjeen luento; 95 teesiä; Isä meidän -rukouksen selitys; neljä saarnaa, Lutherin esipuhe lat. julkaisuihin.
– L:n esipuhe saksankielisiin julkaisuihin; esipuhe UT:n kirjoihin; Gal. selitys; Puhe hyvistä teoista; Saksan kansan kristilliselle aatelille kristillisen säädyn parantamisesta; Kirkon Baabelin vankeudesta; Kristityn vapaudesta; Marian kiitosvirsi; Ps. 22 selitys.
– L:n elämäkerrallisia muistelmia; Maallisesta esivallasta; Voivatko sotilaatkin kuulua autuaalliseen säätyyn; Talonpoikaissotaa koskevat kirjat; Avioelämästä; Kaupankäynnistä ja koronkiskonnasta; Saksan maiden kaikkien kaupunkien pormestareille ja neuvosherroille; Vastine Latomukselle, sisältää selityksiä: Jesajasta, Saarnaajan ja Roomalaiskirjeen kohtiin; Mitä synti on;
Paastonajan I sunnuntain eli Invocavit-viikon saarnat, joissa V ja VI saarnat, ss. 388–394, käsittelevät ehtoollisen jakamisen ja vastaanottamisen tapaa; Ripistä ja avaimista, Neljätoista lohdutusta; Ps. 118 selitys; Lentokirjanen kääntämisestä; Pöytäpuheita; kirjeitä; L:n suomennetut teokset v. 1983.

1984 Lutherin Vähä- ja Iso katekismus sekä Schmalkaldenin opinkohdat, Suomen teologisen seuran julkaisu 138, Jyväskylä

1986 Marian ylistyslaulu, esipuhe Anja Ghiselli, Helsinki

2002 Mannaa Jumalan lapsille, L:n kirjoista koottuja mietelmiä vuoden jokaiselle päivälle, toim. L Koskenniemi, Juva

2004 – 2010 Ensimmäisen Mooseksen kirjan selitys, osat I–VI, latinasta suomentanut Heikki Koskenniemi, Hämeenlinna

2005 **Martti Luther cd-rom v. 2**, Sley-kirjat Oy, sisältää n. 188 suomennettua Lutherin teosta tai hänen tuotannostaan tehtyä kirjaa (myös tässä lueteltuja) **sekä mm. Pieperin dogmatiikan** ja pari Lutherin elämänkertateosta.

2006 Kristuksen ehtoollisesta – suuri tunnustus, saksan kielestä suomentanut Simo Kiviranta, Hämeenlinna

Muuta kristinuskon kirjallisuutta ja apuneuvoja

Arffman Kaarlo

1993 Sanan jäljet, Kirkon historian merkitys Lutherin teologiassa, Suomalaisen teologisen seuran julkaisu 185, Helsinki

Iso Raamatun tietosanakirja, osat I–III

1972–5 suomalaisessa toimituksessa Tikkurila

Leisola Matti

2014 Evoluutiouskon ihmemaassa, Porvoo

Pieper Franz

1961 Kristillinen dogmatiikka, Turku

Muiden apuneuvojen, kuten kirkko- ja dogmihistorioiden, erikielisten sanakirjojen ja kielioppien, konkordanssien, eri Raamatun sanakirjojen sekä kristinuskoa joltakin näkökannalta käsitelleiden kirjailijoiden osalta, katso alustavasti esim. em. **Augustinus, Kristillinen Opetus**, s. 246–7.

Jumalan Valtio
Luku XII,1

Miten Jumalan luoman enkelin luonto ja ihmisen luonto osoitetaan hyviksi, ja voivat olla hyviä ja onnellisia.

Luku XII,1

Ennen kuin minun tulee puhua ihmisluomuksesta – siinä määrin kuin se kuuluu järjenkäytön ja kuolemanalaisuuden piiriin – , jossa ihmisluomuksessa on tuleva ilmi kahden valtion nouseminen esiin, kuten jo edellisessä kirjassani nähdään näiden kahden valtion esiin astumisen tapahtuvan enkeleiden keskuudessa, minusta näyttää, että ensin minun on sanottava itse enkeleistä joitakin sellaisia asioita, joiden avulla osoitetaan, niin paljon kuin se taholtani on mahdollista, kuinka ihmisten ja enkelten kesken ei sanota heidän yhteisöjään keskenään niin ristiriitaisiksi eikä yhteensopimattomiksi, että perustellusti sanottaisiin heistä olevan olemassa neljä valtakuntaa, nimittäin kahta peräisin enkeleistä ja kahta ihmisistä, vaan mieluummin sanotaan valtakunnat perustetuiksi kahdeksi, yksi valtakunta hyvissä olemuksissa, toinen pahoissa, ei vain enkeleiden olemuksissa vaan ihmistenkin.

Ei ole soveliasta epäillä, että hyvien ja pahojen enkeleiden keskenään vastakkaiset halut olisivat tulleet näkyviin erisuuntaisista luonnoista ja alkuperistä johtuen, koska Jumala kaikkien olemusten aikaansaajana ja luojana on molemmat ne luonut, vaan vastakkaiset halut tulivat esiin tahtojen ja himojen tähden, sillä aikaa kun enkeleistä hyvät pysyivät muuttumattomasti kaikille yhteisessä hyvyydessä – jota Jumala itse heidän hyväksensä on – ja hänen iankaikkisessa totuudessaan, näiden rakastaessa sitä.[2]

Toiset enkeleistä puolestaan mieluummin ilahtuneina omasta mahdistaan, niin kuin nuo hyvyytensä olisivat vain juuri heitä itseänsä varten, luisuivat ylemmästä kaikkien yhteiseksi hyväksi tulleesta hyvyydestä yksityisiin asioihinsa; ja omaten ylpistymiselle ominaisen halveksivan käytöksen ylimmän iankaikkisuuden veroisena, ja turhan oveluuden varmimpana totuutena, puolueillensa ominaiset mieltymykset hajottamattoman rakkauden asemesta, tulivat muodostuneiksi kateellisiksi ja ylpeiksi.

Niinpä edellisten, hyvien enkeleiden, autuuden perustana on Jumalasta kiinnipitäminen, minkä johdosta noiden toisten surkeuden tilan syy, vastakohdan mukaisesti, on ymmärrettävä, koska sen perustana ei ole Jumalasta kiinnipitäminen.

Tämän johdosta, silloin kun kysytään, mistä syystä edelliset ovat autuaita, vastataan oikein: koska Jumalasta he kiinni pitävät. Ja silloin kun kysytään, mistä syystä nuo toiset ovat kurjia, vastataan oikein: koska he eivät pidä kiinni Jumalasta.

---

[2] Augustinus on käsitellyt aihetta edellä mm. XI,13, 33.

Ei se ole järjellisen luontokappaleen hyvyyttä, tai käsittämiseen kykenevän luontokappaleen hyvyyttä, jonka johdosta tämä on autuas, vaan ainoastaan Jumala on hyvä.[3]

Siispä vaikkakaan jokainen luontokappale ei voi olla autuas – eikä näet tätä lahjaa saavuta tai ota valtaansa villieläimet, halot ja kalliolohkareet, ja jos jotakin muuta tämänkaltaista on olemassa –, vaan niihin asioihin, joihin luontokappale kykenee, se ei pysty itsestään, koska se on luotu tyhjästä, vaan Häneen perustuen, joka sen loi. Tuo järjellinen ja käsityskykyinen luontokappale näet on onneton, vaikka saavuttaa autuuden, jos hän sen menettää.

Jumala puolestaan, joka ei ole autuas toisen olemuksen perusteella, vaan juuri hänen oman itsensä hyvyyden perusteella, siitä syystä ei voi olla onneton, että hän ei voi heittää pois itseänsä.[4] Niinpä sanomme, ettei ole olemassa muuta muuttumatonta hyvyyttä, paitsi vain yksi todellisesti autuas Jumala.[5]

Ne järjelliset luontokappaleet, jotka hän on tehnyt, tosin ovat olemassa hyvinä, koska ne ovat Häneltä, mutta kuitenkin muuttuvaisia, koska ne eivät ole hänestä [olemuksestaan] peräisin, vaan luotuina tyhjästä.

Vaikka nämä luodut siis eivät ole arvoltaan korkeimpia olentoja, joihin nähden Jumala on suurempi hyvyys, sellaisia suuria ne kuitenkin ovat ja muuttuvaisia hyvyyksiä, jotka voivat ollakseen autuaita tarttua kiinni muuttumattomaan hyvyyteensä, jollainen Jumala heille on aina siihen määrään asti, että ilman Häntä heidän on pakko olla onnettomia.

Eikä siitä syystä muut luontokappaleet tässä luomakunnan kaikkeudessa ole [heitä] parempia, koska ne eivät voi olla onnettomia. Ei näet voida sanoa ruumiimme toisten jäsenten olevan silmiämme parempia, koska ne eivät voi olla sokeita.

Mutta niin kuin luonto on parempi käsityskykyisenä, ja silloinkin kun se kärsii, kuin mitenkään kärsimykseen kykenemätön kivi, siten järjellinen luontokappale on mainiompi kärsivänäkin, kuin tuo kivi, joka on osaton mielestä ja tajusta, ja siksi kurjuus ei siihen astu.

Tämä asia kun näin on, niin tälle luonnollemme, joka on luotu niin suureen erinomaisuuteen, että vaikka se itsessään on muuttuvainen, se kuitenkin voi kiinnittyä muuttumattomaan hyvyyteensä, se on: korkeimpaan Jumalaansa, niin että se saavuttaa autuutensa; eikä luontomme tyydytä tätä tarvettaan kuin vain olemalla kaikin puolin autuas; ja kun tähän tyydyttämiseen ei riitä muu kuin vain Jumala: totta tosiaan vika sitten on Jumalaan kiinnittämättä jättäminen.

---

[3] Vrt. Room. 9:16; 2 Kor. 3:5; Matt. 11:25; Luuk. 10:21.
[4] 2 Tim. 2:13. Kts. XI,10 ind. 53.

[5] Mark. 10:18. Tätä asiaa Augustinus on seikkaperäisesti selittänyt opettaessaan Jumalan luonnon yksinkertaisuudesta, edellä XI,10 etc.

Mutta jokainen vika vahingoittaa luontoa, ja sen tähden se on vastoin luontoa. Niinpä se asia, jolla luonto kiinnittyy Jumalaan, ei luontonsa puolesta poikkea siitä, vaan luonto poikkeaa viastaan. Tämä vikakin kuitenkin osoittaa suuriarvoiseksi ja suuressa määrin ylistettäväksi itse luonnon. Kun luonnon vikaa näet oikein moititaan, samalla itse luontoa ylistetään. Koskapa vian moittiminen on oikeudenmukaista, sillä vika häpäisee kiitettävää luontoa. Niin kuin siis silloin, kun silmien vikaa nimitetään sokeudeksi, osoitetaan [samalla], että silmien luontoon kuuluu [kiitettävä] näkökyky. Ja silloin kun korvien vikaa nimitetään kuuroudeksi, samalla osoitetaan niiden luontoon kuuluvaksi kiitettävä kuulemisen kyky.

Siten silloin kun sanotaan enkelin luonnon viaksi se, jolla vialla enkeli ei tartu kiinni Jumalaan, tästä mitä selvimmin paljastetaan, että enkelin luontoon soveltuu se, että se yhtyy Jumalaan.

Edelleen, kuinka suuri kiitettävä teko sitten onkaan tarttua kiinni Jumalaan, jotta tämä Hänelle eläisi, Häneltä saisi viisautensa, Hänen tähtensä iloitsisi nauttiakseen niin suuresta hyvyydestä, ilman kuolemaa, ilman erehdystä, ilman murheita: kuka voisi tämän ajatella tai siitä kauniisti puhua arvonsa mukaisesti?

Tämän tähden pahojen enkeleiden tuo vikakin, jonka tähden he eivät tartu kiinni Jumalaan, sen vuoksi että kaikki vika vahingoittaa luontoa,[6] tekee kyllin kouriintuntuvan selväksi, että Jumala oli heidän luontonsa niin hyväksi luonut, että olla olematta Jumalan yhteydessä oli sen vahingoksi.

[6] Augustinus on sivunnut tätä aihetta edellä myös luvussa XI,17 ind. 83. Ja tuonnempana hän käsittelee tätä aihetta erityisesti luvussa 3, ja edelleen luvuissa 4, 6, 8 ja 28.

Miten mikään Jumalan luoma olemus ei ole Luojansa olemukselle vastarintainen?

Luku XII,2

Nämä edellä mainitut asiat on sanottu, jottei kukaan, silloin kun puhumme luopioenkeleistä, arvioisi, että ne olisivat voineet saada toisen luonnon [hyviin enkeleihin nähden] ikään kuin toisesta perusperiaatteesta lähtien, ja että Jumala ei olisi heidän luontonsa aikaansaaja.

Tämän erehdyksen kataluudesta tulee vapaaksi itse kukin sitä esteettömämmin mitä tarkkanäköisemmin hän oivaltaa, että Jumala sanoi enkelin välityksellä, silloin kun hän lähetti Mooseksen Israelin lasten luo: *Minä* ***olen*** *se, mikä minä olen > Minä* ***olen olemassa*** *sellaisena, jollainen olen.*[7]

Kun näet Jumala ***on*** ylin olemus, se on: ylimmäisesti eli ylimmässä asteessa olemassa oleva, ja sen vuoksi hän on olemassa muuttumattomana [heikentymättömänä]. Niinpä asioille, jotka hän loi tyhjästä, hän antoi olemassaolemisen, mutta ei olemassaolemista ylimmässä asteessa, jollainen hän itse on. Ja toisille hän antoi olemassaolon laaja-alaisemmin, toisille vähäisemmästi, ja siten hän järjesti olemuksien luonnot [niiden olemassaolot] asteittaisiksi.

Näet, niin kuin nimitetään siitä, mitä on *tuntea makua* (*sapire*), sana *älykkyys* (*sapientia*), niin siitä, mitä on *olla olemassa* (*esse*), nimitetään substantiivi *olemassaoleminen/olemus* (*essentia*).

Tosin tämä on latinassa uusi sana, jota vanhat latinan kieltä kirjoittaneet eivät käyttäneet, mutta jo meidän aikoihimme se on käytettynä, jottei meidänkään kielestämme puuttuisi se, mitä kreikkalaiset nimittävät *olemukseksi* (*ousia*, οὐσίαν). Kyseinen latinan sana näet on muodostettu [kirjaimellisesti] kreikan sanasta *ousia*, niin että latinaksi sanotaan *olemassaoleminen/olemus essentia*ksi.[8]

---

[7] Ex. 3:14. Lat: *Ego sum,qui sum.* < LXX: 14. καὶ ειπεν ὁ θεὸς πρὸς Μωυσῆν **Εγώ εἰμι ὁ ὤν**· καὶ ειπεν Οὕτως ἐρεῖς τοῖς υἱοῖς Ισραηλ **Ο ὢν** ἀπέσταλκέν με πρὸς ὑμᾶς. *"Ja Jumala sanoi Moosekselle: ′Minä olen se, joka ′ollen olen olemassa′, ja Hän sanoi: ′Sano Israelin lapsille: Joka ′ollen on olemassa′, lähetti minut luoksenne.′"* – Katso tämän käännöksen kankeuden selitys seuraavasta indeksistä.

< Biblia Hebraica וַיֹּאמֶר אֱלֹהִים אֶל־מֹשֶׁה **אֶהְיֶה אֲשֶׁר אֶהְיֶה** וַיֹּאמֶר כֹּה תֹאמַר לִבְנֵי יִשְׂרָאֵל **אֶהְיֶה** שְׁלָחַנִי אֲלֵיכֶם׃ –"*(Kaikkivaltias) Jumala sanoi Moosekselle: ′Minä olen / minä olen olemassa > minä olen olemassa sellaisena, joka on / on olemassa. Niinpä sano Israelin lapsille: ′Minä, joka olen olemassa, lähetti minut luoksenne.′"*

– Heprean **אֶהְיֶה** on *olla / olla olemassa* -verbin (הוה) indikatiivin futuuri ja preesens, yksikön ensimmäinen persoona. Tämän *olla / olla olemassa* -verbin perusmuodossa on keskimmäinen konsonantti (radikaali) waw (הוה) kuten englannin w, ja ensimmäinen radiaali heikko h-äänne. Tästä verbistä tulee Jumalan nimi *Herra*, (Jahve), joka viittaa juuri Kristukseen (Ex. 6:3 alkanen, kts. edellä XI,2 ind. 15) muodossa יְהוָה. (– Eevan nimi, חַוָּה, suomeksi Elävä (Gen. 3:20), puolestaan tulee *hengittää /elää* -verbistä (חוה), jossa ensimmäinen, oikeanpuoleinen, radikaali on voimakas kurkku-h-äänne.)

[8] Termi *essentia* tuli käyttöön Senecan jälkeen Cicerosta lähtien, ja tuli *olemusta* merkitseväksi, ja myöhemmin uuslatinassa filosofian tekniseksi termiksi tarkoittaen olemusta ja sen sisintä asiaa. Sana on muodostettu substantiiviksi olla / olla olemassa -verbin aktiivin partisiipin preesensistä, *ollen olemassa, essens > essentia*. (Langenscheidt, essentia). Kuten Augustinus sanoo, sana tuli latinaan vastaavasta kreikan olla-verbistä ja sen käytöstä.

Ja tämän johdosta [olemuksien olemassaoloon katsoen] sille luonnolle, joka ylimmässä asteessa on olemassa, jonka tekoina ovat kaikki ne [vähemmässä asteessa] olevaiset, mitä tahansa onkaan olemassa, mikään luonto ei voi olla vastarintainen, paitsi se, mitä ei ole olemassa.

Hänelle siis, koska ***hän on olemassa***, **olematta oleminen** on vastarintaista/vastakkaista. Ja tämän tähden, Jumalalle, se on: ylimmän asteen olemukselle ja aikaansaajalle, mikään olevainen olemus ei ole vastakkainen.[9]

[9] Verrattakoon tämä Augustinuksen opetukseen, että siinä määrin kuin olemme hyviä, se on: yhdenmukaisia Jumalan tahdon ja Jumalan rakkauden kanssa, olemme olemassa. Kts. edellä XI,26, ind. 127. Silloin näet olemuksemme ei ole vastarintainen Jumalan olemukselle, ja sikäli jäämme hänen yhteydessään ja mukaisuudessaan olemaan; kuitenkin hänen armostaan hänen mukaisuuteensa pyrkivinä. Taivaaseenhan ei mitään Jumalaa vastustavaa pääse. Vrt. Ilm. 21:27.

Jumalan viholliset eivät vahingoita luontonsa tähden, vaan Jumalan luonnolle ja rakkaudelle vastakkaisen tahtonsa tähden, millä he joka tapauksessa vahingoittavat luontoa, koska vikaa ei ole olemassa, jollei se vahingoita luontoa.

Luku XII,3

Mutta Raamatussa sanotaan Jumalan vihollisiksi niitä, jotka eivät vastusta Jumalan valtakuntaa luonnollansa, vaan vioillansa, kykenemättöminä mitenkään vahingoittamaan Häntä, vaan vahingoittaen vain itseänsä.

Vihollisia näet ovat ne, joilla on vastustamisen tarkoitus, eivät ne, joilla on siihen mahdollisuus.

Ja Jumalahan on muuttumaton ja kaikella tapaa turmeltumaton. Sen vuoksi se vika, jolla vastustavat Jumalaa ne, joita hänen vihollisikseen nimitetään, ei ole paha Jumalan vahingoksi, vaan itsensä. Eikä se ole tätä muusta syystä, paitsi siksi, että se heissä turmelee heidän luontonsa hyvyyttä.

Luonto ei siis ole vastakkainen Jumalalle, vaan vialleen, koska paha on vastakkainen hyvälle.

Mutta kukapa kieltäisi, että Jumala on ylimmässä asteessa hyvä? Vika on siis vastakkainen Jumalalle, niin kuin paha hyvälle. Mutta edelleen, hyvää on myös se luonto, jota vika vioittaa. Tästä seuraa, että joka tapauksessa vika on vastakkainen myös mainitulle luonnon hyvyydelle.

Mutta Jumalalle vika siis on pahaa ainoastaan niin kuin paha hyvälle, sitä vastoin luonnolle, jota vika vahingoittaa, se ei ole ainoastaan pahana vastakkaista, vaan myös vahingoittavana. Niinpä Jumalalle mikään paha ei ole vahingollinen, vaan sitä ovat pahuudet muuttuvaisille ja turmeltumiseen mahdollisille luonnoille. Hyvyyksille ne kuitenkin ovat vahingollisia itse vikojenkin todistuksen perusteella. Jos näet nämä hyvyydet eivät olisi hyviä, viat eivät voisi niitä pahentaa.

Mitäpä viat luonnolle muuta vahingoittamalla tekevät, kuin riistävät luonnon eheyden sen kauneutena, terveyden sen kuntona? Ja mikä tahansa muukin hyvän luonnon ominaisuus on tapana tulla vian kautta alenetuksi tai vähennetyksi. – Koska jos vika kokonaan puuttuu, mikään ei hyvyyttä vahingoita vähentämisellään, ja siksi ei ole käsillä myöskään mitään vikaa. Sillä vika ei voi olla vahingoittamatta.

Tästä tehdään yhteenveto, että vaikkakaan vika ei voi vahingoittaa muuttumattomasti hyvää, se kuitenkaan ei voi vahingoittaa muuta kuin hyvää, koska vikaa ei ole muualla kuin siinä, missä se vahingoittaa. Tämä voidaan sanoa siinä muodossa, että vikaa ei voi olla ylimmäisesti hyvässä eikä muualla kuin jossakin hyvässä.

Niinpä pelkkä hyvyys voi olla olemassa jossakin, mutta ei pelkkä pahuus missään / mitään varten. Sillä myös sellaiset luonnot, jotka pahan tahdon aloituksesta ovat vahingoittuneet, ovat siinä määrin pahoja, kuin ne ovat vahingoittuneita, mutta siinä määrin kuin ne ovat luontoja, ne ovat hyviä.

Ja silloin kun viallinen luonto on rangaistuksiensa alainen, tämä vianalainenkin luonto on siinä tilassa hyvä, paitsi siksi, että se on luontoa, myös koska se ei ole olemassa rankaisematta.

Tämä rankaisu [luonnon vioittamisesta] on oikeudenmukainen. Ja kaikki oikeudenmukainen ilman epäilystäkään on hyvä [ja niin rankaisukin todistaa sen luonnon hyvyydestä, jonka loukkaamisesta rangaistaan]. Ei näet kukaan kärsi rangaistuksiaan luontonsa vioista, vaan tahtonsa vioista.

Näet, myös siitä syystä, että vika tottumuksesta ja liiallisesta edistymisestään vahvistuneena ikään kuin kasvaa kiinni luontoon, se on ottanut alkunsa tahdosta. Niinpä puhumme nyt sellaisen luonnon vioista, jonka luonnon hyväksi asustaa sellainen järjen valon mieli, joka pystyy erottamaan oikeudenmukaisen epäoikeudenmukaisesta.

Maan piirissä elävien järkeä vailla olevien ja moraalisen rangaistuksen ulkopuolella olevien olentojen luonnot ovat sinänsä hyviä, ja ne muodostavat kehityksessään arvokkaan kokonaisuuden, vaikka ne on kudottu ihmisten kanssa samaan kuolemanalaisuuden maailmaan ja voivat toisinaan vahingoittaa ihmistä.

Luku XII,4

Muiden kuin ihmisten vikojen: eläinten, puiden ja muiden muuttuvaisten ja kuolemanalaisuuden ehdossa elävien olentojen, jotka ovat kokonaan vailla joko älyä tai aistimiskykyä, ja joiden häviöksi niiden hajoamiseen mahdollinen luonto turmeltuu, pitäminen moraalisesti tuomittavina on naurettavaa. Sillä nämä luontokappaleet ovat saaneet tämän luontaisen *tapansa* (*modum*) Luojansa viittauksesta, niin että luontokappaleet toimittavat jatkuvasti aikakausien hennon kauneuden sille yhteensopivana, tuon heidän maailmansa rooleissa, väistymisellään ja seuraamalla edeltäjäänsä *lajissaan (in genere suo).*

Ja eivät nämä maiset asiat ole olleet samanarvoisina taivaallisille asioille; tai ei maallisten asioiden sen vuoksi pitänyt puuttua maailmankaikkeudesta, että taivaalliset ovat niitä parempia.

Silloin siis, kun tuollainen maallinen luontokappale *niissä asemissansa*, joissa sen olemassaolo kykeni tällaisiin *luontaisiin asioihinsa*, niistä asioista toiset nousevat esiin toisten ollessa heikkeneviä, ja vähäisemmät asiat sortuvat suuremmilleen, ja *voitetut asiat kääntyvät* voittajien *laaduiksi*, on olemassa [>vallitsee] läpikäyvien [>prosessissa olevien] asioiden tilan järjestys.[10]

Tämän järjestyksen kauneus(arvo) ei meitä miellytä siksi, että emme kykene ajattelemaan sitä maailmana, jonka kauneuden roolit meidän oman kuolemanalaisuutemme ehdon mukaisesti ovat kiinteästi sisäänrakennettuina maailmaamme, jonka osasina nämä oliot meitä satuttavat sellaisina, mitkä aivan avoimesti ja sopusointuisesti yhtyvät kokonaisuuteen.

Tästä johtuen meitä käsketään erittäin oikeudenmukaisesti niissä asioissa, joissa olemme tätä järjestystä melko pätemättömiä tarkastelemaan, uskomaan Luojan kaitselmukseen, jottemme rohkenisi niin suuren Mestarin teosta moittia jollakin inhimillisen umpimähkäisellä perättömyydellä.

Mutta maan piirissä elävien olentojen tahdosta riippumattomat ja moraalisen rankaisun ulkopuolella olevat viat, jos niitä viisaasti tarkastelemme itse luontoina, edellä sanottu periaate [että luonto itsessään on hyvä] suosittelee suosioomme luontoina, joilla lainkaan ei ole mitään sellaista vikaa, jonka aikaansaaja ja luoja Jumala olisi. Sillä näissäkin luonnoissa meille on vastenmielistä niiden meille aiheuttamansa haitan tähden sellaisen ylistetyksi tuleminen, mikä luonnossa tuottaa meille mielihyvää [nähdessämme sen kauneuden ja kunnian]; paitsi milloin tavallisesti itse luontokin on miellyttämättä ihmisiä, kun ne tuottavat vahinkoa; ei tosin olioiden tarkkaajille, vaan olioiden luontonsa [vahingollisen] käyttämisen tähden [joillekin], kuten nuo elukat, joiden ylenpalttinen runsaus rankaisi egyptiläisiä heidän ylimielisyytensä tähden.[11]

---

[10] Koko lause latinaksi: Cum ergo in his locis, ubi esse talia contepetabat, aliis alia deficientibus oriuntur et succumbunt minora maioribus atque in *qualitates* superantium superata *vertuntur*, *rerum* est ordo transeuntium.

[11] Ex. luvut 8–10.

Mutta vastaavalla tavalla voidaan moittia aurinkoakin, koska tuomarit määräävät joitakin pahantekijöitä tai velkojensa maksamisen laiminlyöneitä pantavaksi auringon lämpöön. Niinpä aurinko ei anna kunniaa Luojalleen lähtien sen mukavuudesta tai epämukavuudesta, vaan sen oman luonnon tarkastelemisen kautta.

Niin on iankaikkisen tulenkin luonto ilman mitään epäilystä ylistettävä, vaikka kuinkakin se on oleva rankaiseva tuomituille jumalattomille.

Mikä näet on kauniimpaa kuin eloisesti liekehtivä ja valaiseva tuli? Mikä on sitä hyödyllisempää huolehdittaessa keittämisestä sen tuottamalla lämmöllä, vaikkakaan mikään ei ole sitä rankempaa sen saadessa polttaa?

Juuri se sama tuli on siis vaarallinen asetettuna viereemme toisin kuin silloin, kun se asianmukaisesti käytettynä havaitaan mitä mukavimmaksi. Kukapa kykenee sanoin selittämään sen [kaikkia] hyötyjä universumissa?

Eikä ole kuultava niitä, jotka ylistävät tulen valoa, mutta moittivat sen poltetta, arvostelunsa nimittäin lähtiessä – ei tulen luonnonvoimaan katsoen, vaan – arvostelijan omaan mukavuuteen tai epämukavuuteen katsoen. He kun tahtovat katsella tulta, ei palaa siitä. Mutta liian vähän he kiinnittävät huomiotaan siihen, että juuri se valo, joka taatusti heitä viehättää, soveltumattomana loukkaa arkoja silmiä; ja sellaisessa kuumuudessa, joka ei heitä miellytä, useat luontokappaleet elävät terveellisesti.

Luoja osoittautuu ***kaikkien*** *luontojen lajien ja tapojen tarkastelun kautta moitteen ulkopuolella olevaksi ja ylistettäväksi, huolimatta siitä, että luonnot voivat tavoillaan aiheuttaa ihmiselle harmia ja osin tuhoutua.*

Luku XII,5

Kaikki luonnot siis ovat hyviä, koska ne ovat olemassa, ja niin ollen omaavat tapansa (modum), ulkomuotonsa (speciem) ja tietyn niihin liittyvän rauhansa/lepotilansa (pacem).[12]

Ja kun ne ovat siinä tilassa, missä niiden luontonsa järjestyksessä tuleekin olla, ne varjelevat olemassaolonsa, siinä määrin kuin ne tämän järjestyksensä mukaisen tilansa ovat saavuttaneet.

Ja ne järjestyksiensä mukaiset tilat, joita ne eivät ole saavuttaneet asianhaarojensa käytön ja toiminnan kannalta, mitkä käyttö ja toiminta lasketaan Luojansa lain perusteella niihin kuuluvan, muuttuvat paremmiksi tai myös huonommiksi, luonnonmukaisten järjestysten pyrkiessä jumalallisen [vääjäämättömän] ennaltanäkemisen mukaisesti siihen päämäärään, jonka maailman ohjauksen suunnitelma pitää sisällään.

[Tämä tapahtuu] niin, ettei myöskään niin suuri turmelus (corruptio), jollainen johtaa muuttuvaiset ja kuolevaset luonnot aina luonnon tuhoutumiseen asti, saa tuottaa niin paljon luonnon olemassaolon lakkaamista, kuin olemassaoloa [tuhottavanaan] oli, niin että tuosta turmeluksesta ei seurannut johdonmukaisesti tällaista täysin tuhoutunutta tilaa, koska luonnon [kuitenkin] täytyi aina olla olemassa.[13]

Kun nämä asiat näin ovat, ei ole moitittava Jumalaa minkään luonnon huonojen ominaisuuksien aiheuttamien haittojen johdosta, ja hän on ylistettävä *kaikkien* luontojen tarkastelemisen kautta: Jumala on ylin olemus, ja tämän tähden hän on tehnyt kaiken sellaisen luonnon, joka ei ylimmäisesti ole olemassa, sillä ei Jumalan kanssa samanlaisen tullut olla sen, mikä oli luotu tyhjästä, ja joka ei millään lailla voisi olla olemassa, jollei hän sitä loisi.

---

[12] Vrt. XIX 12, sen viime momentti. Tässä Augustinus selittänee tätä luontaista lepoa siihen tapaan, että aine pyrkii fyysiseen ja kemialliseen lepoonsa, vaikka on joutunut tilaansa, esim. kantajaansa, isomman eläimen nielemänä. Ja niin eliön ja aineen luonto joutuu prosessiin silti häviämättä.

[13] Lat. ita ut nec tanta corruptio, quanta usque ad interitum naturas mutabiles mortalesque perducit, sic faciat non esse quod erat, ut non inde fiat consequenter quod esse debebat. Toisin sanoen, tuhon ei pitänyt jatkua niin syvästi, ettei suksessio luonnossa tai prosessi elimistössä voisi jatkua. Tässä Augustinus siis tarkastellee luontoa kokonaisuutena, ei yksilön tai jonkun lajin sammumista, kuten seuraavissa lauseissa hän sanoo. Ja Augustinus siis toteaa suoraan varsin luonnollisen edellytyksen minkä tahansa yksilön tai lajin olemassaololle: ne ovat vaatineet aina elämänsä järjestyksen edellyttämät tekijät.

Mikä on hyvien enkeleiden autuuden syy, ja mikä pahojen enkeleiden kadotuksen syy? Mikä on kaiken synnin alkusyy? Voiko hyvä luonto saada aikaan pahaa tahtoa?

Luku XII,6

Niin muodoin hyvien enkeleiden autuuden syy huomataan mitä oikeimpana siitä, että he riippuvat kiinni Hänessä, joka on ylin. Silloin puolestaan, kun kysytään pahojen enkeleiden kurjuuden syytä, se johtuu ansaitusti siitä, että he ovat halveksien kääntyneinä pois Hänestä, joka on ylin, kääntyneet juuri itsensä puoleen, jotka eivät ylimmäisesti ole olemassa. Ja tätä vikaa, miksi muuksi sitä voitaisiin nimittää kuin ylpeydeksi!

Niinpä kaiken synnin alkusyy on ylpeys.[14]

He eivät siis tahtoneet varjella *voimaansa*[15] Häneen katsoen; ja nämä, jotka olisivat suuremmassa määrin olemassa, jos he riippuisivat hänessä, joka ylimmäisesti on olemassa, pitämällä itseänsä häntä parempana panivat etusijalle sen, mikä on vähäisempää.

Tämä on *ensimmäinen* luopuminen ja ensimmäinen puutos sekä ensimmäinen sellaisen luonnon vika, joka luonto on luotu siten, ettei se yhtäältä ollut olemassa ylimmäisesti, mutta toisaalta kuitenkin omatakseen autuutensa Häneltä, joka ylimmäisesti on olemassa, saattoi nauttia Hänestä, josta halveksien pois kääntyneenä tämä tosin oli olemassa jossakin määrin, mutta kuitenkin vähemmässä määrässä, ja tästä syystä tuli kurjaksi.

Jos edelleen kysyttäisiin tähän pahaan tahtoon vaikuttavaa syytä, ei mitään syytä löydy. Mikä se näet on se, joka aikaansaa pahan tahdon, kun seurauksena olisi, että hyvä luonto itse tekee pahan teon? Ja tämän vuoksi paha tahto on pahaan tekoon vaikuttava syy, mutta pahaan tahtoon ei ole mitään syytä.

Koska, jos on olemassa jokin asia/etu/asianhaara (res), se joko herättää tai ei herätä jonkin tahdon. Jos se jokin asianhaara saa sen aikaan, niin, todellakin, se saa aikaan joko hyvän tahdon tai pahan tahdon. Jos tuo asianhaara tuottaa hyvän tahdon, kuka olisi niin mieletön, että sanoo, että hyvä tahto [sitten] tuottaa pahan tahdon? Jos näin olisi, olisi hyvä tahto oleva synnin syy, mitä mielettömämpää mitään ei voida luulla. – Jos puolestaan tuo asianhaara, jonka arvellaan aiheuttavan pahan tahdon, itsekin sisältää pahan tahdon, myös siitä pahasta tahdosta, jonka tämä asianhaara vaikutti, kysyn pahan tahdon alkusyynä, johdonmukaisesti ja niin, että olisi jokin tutkimisen päämäärä.[16] Sehän ei ole ensisijainen paha tahto, jonka aikaansaa toinen paha tahto. Vaan se on ensisijainen paha tahto, jota mikään muu ei ole tehnyt pahaksi. Näet, jos pahaa tahtoa edelsi se, joka sen siksi teki, se paha tahto on ensisijainen, joka toisen aikaansai.

---

[14] *Ylpeyden alkusyy puolestaan on luopuminen Jumalan sanasta*. Vrt. Siir. 10:12–13; 1:14. Viisauden alkusyy puolestaan on Jumalan pelko. Kts. Job 28:28; Ps. 110:10; Snl. 1:7; 9:10 etc., joissa kohdissa tämä sanotaan suorasanaisesti, kuvaannollisesti taasen esim. Ps. 2:12.

[15] Ps. 59:10.

[16] Eli jotta vastattaisiin asetettuun alkukysymykseen, mikä aiheutti sen ensimmäisen pahan tahdon.

Jos tähän vastataan, että pahaa tahtoa ei mikään asianhaara aikaansaanut, ja niin ollen paha tahto on iankaikkisena ollut [etukäteen] olemassa, kysyn, onko paha tahto ollut jossakin luonnossa? Sillä jos se ei ollut missään luonnossa, sitä ylimalkaan ei ollut olemassa [etukäteenkään]. Mutta jos se on ollut jossakin luonnossa, se vioitti ja turmeli ja oli luonnolle vahingollinen, ja tästä syystä luonnon hyvyys väheni.

Niinpä ensisijainen paha tahto ei voinut olla olemassa pahassa luonnossa [jota toinen paha tahto edelsi], vaan hyvässä luonnossa [jota mikään paha ei edeltänyt], muuttumiseen mahdollisessa luonnossa tosin, jolle hyvälle luonnolle paha tahto pystyi olemaan vahingoksi. Jos näet paha tahto ei ole hyvää luontoa vahingoittanut, se ei missään tapauksessa ollut vikana, ja siksi ei myöskään pidä sanoa, että pahaa tahtoa oli olemassa [ja ensisijaisena]. Edelleen, jos paha tahto vahingoitti, hyvää luontoa se joka tapauksessa vahingoitti, joko poistamalla tai vähentämällä hyvää siitä luonnosta.

Siispä paha tahto ei voinut olla olemassa iankaikkisena [edeltävänä] sellaisessa asiassa, jossa luonnonmukainen hyvyys oli ollut *edeltävänä*, mitä hyvyyttä paha tahto pystyi vahingoittamalla poistamaan. Jos siis paha tahto ei ollut iankaikkisena [edeltävä], kuka sen sitten aikaansai, kysyn? Jää [näin] loppupäätökseksi, että sanotaan, että se asia teki pahan tahdon, mikä asia ei [itsessään] sisältänyt mitään tahtoa.[17]

Tästä tekijästä kysyn, onko se ylempänä [luotua hyvää tahtoa] oleva, vai sitä alempana, vaiko yhtäläinen sen kanssa. Mutta jos se on ylempi, se joka tapauksessa on parempi, jonka mukaan sama kuin, että se ei ole minkään paha tahto; ja vieläpä, eikö mieluummin kyseessä ole hyvän tahdon luonto? Tämä on kyseessä samoin, jos se on yhtäläinen tahto; todella se on silloin myös hyvä tahto. Koskapa niin kauan kuin on olemassa yhtäläisesti kaksi hyvää tahtoa, ei toinen tee toiseen pahaa tahtoa. Jää päätelmäksi, että hyvää tahtoa alempi arvoinen asia, jolla [itsellään] ei ole mitään tahtoa, aikaansai pahan tahdon sen enkelin luonnon vahingoksi, joka luonto ensimmäiseksi teki syntiä.

Mutta itse tämä lankeemuksen aikaansaava asia, kuinka tahansakin se on [tahtovaa luontoamme] alempana oleva aina maan alimpiin paikkoihin asti, koska se on luontoa ja olemassa olevaa olemusta, kaukana epäilystäkin se on hyvää, omaten tapansa ja hahmonsa lajissaan ja järjestyksessään. Millä tavalla siis hyvä asia on pahan tahdon vaikuttavana?

Näet, silloin kun tahto itsensä hyläten kääntyy ylempiarvoisesta asiasta alempiarvoiseen, vaikutetaan pahaa; ei siksi, että paha [itsessään] on se alempiarvoinen asia, johon tahto kääntyy, vaan koska itse kääntyminen (valinta) on kiero [perversa]. Sen tähden ei alempiarvoinen asia tehnyt tahtoa pahaksi, vaan itse tuo tahto itsensä, koska tapahtui niin, että se tavoitteli alempiarvoista asiaa vääntelyin (prave) ja järjestymättömästi.

---

[17] Jos paha tahto ja pahan tahtoja olisivat iankaikkisia, olisi kaksi iankaikkista: se ja Jumala. Jos paha tahto esiintyisi iankaikkisesti luonnossakin, olisi myös kaksi luojaa: Hän, joka loi luonnon hyväksi, ja hän, joka loi ensin pahan tahdon, joka tuli luontoon. Manikealaiset ajattelivat näin, että on kaksi luojaa ja jumalaa, hyvä ja paha, ja että olisi myös sellaista luontoa, jota Jumala ei olisi luonut.

Jos näet jotkut kaksi ihmistä yhtäläisellä sielulla ja ruumiilla varustettuina ja vaikutettuina näkisi yhden ja saman ihmisen vartalon kauneuden, jonka näkemisestä toinen heistä liikuttuu luvattomaan nautintoon, toinen taas kestää lujassa siveellisessä tahdossaan, minkä arvelemme syyksi, että paha tahto syntyy edellisessä, mutta ei jälkimmäisessä? Mikä asia tuon pahan tahdon sai aikaan hänessä, jossa se syntyi?

Ja se syyhän ei ollut tuo vartalon kauneus, koska se ei saanut aikaan pahaa tahtoa molempiin, koskapa kerran tuo kauneus ei kohdannut erilaatuisesti kummankaan katseluita. Vai kuuluuko katselevan liha (caro) asiaan? Miksi sitten ei jälkimmäisenkin katselijan liha? Tai kuuluuko sitä vastoin sielu tähän asiaan? Miksi sitten sitä eivät ole molempien sielut? Mehän sanoimme etukäteisehdoiksi, että kumpikin olivat sieluunsa ja ruumiiseensa nähden yhtäläisesti rakennettuja ja vaikutettuja.

Vai pitääkö sanoa, että pahan hengen salainen suosittelu koetteli toisen heistä, niin kuin hän ei olisi tullut yksimieliseksi samalle suositukselle viettelykseen ja mille tahansa taivuttelulle henkilökohtaisessa omassa tahdossaan? Niinpä haluamme tietää tästä yksimielisyydestä, tästä pahasta tahdosta, jonka hän turmiollisesti käski suostumaan tuohon taivutteluun ja joka vaikutti tässä asiassa (ratkaisussa).

Sillä jotta tämäkin ratkaisun este poistettaisiin tästä kysymyksestä: jos kumpaakin henkilöä koeteltaisiin samalla koettelemuksella, ja toinen antaa sille periksi ja tulee sille samanmieliseksi, mutta toinen, joka oli ollut samassa koettelemuksessa, kestää sen läpi: mitä muuta tästä ilmenee, kuin että edellinen oli tahtonut, jälkimmäinen puolestaan ei ollut tahtonut luopua siveydestään? Mistä muusta syystä [tapahtuu se, ettei toinen tahtonut luopua siveydestään] kuin oman yksilöllisen tahtonsa johdosta, jossa tahdossa hän oli ollut suostumuksensa antaneen kanssa samassa kumpaisenkin ruumiin ja sielun vaikutuksessa? Kumpaisenkin silmät samassa määrin näkivät tuon kauneuden, kumpaisellekin samassa määrin oli vaivana salattu kiusaus (occulta tentatio). – Oman henkilökohtaisen tahtonsa sai tuntemaan pahaksi se asia, joka pahan tahdon aiheutti toisessa näistä; jos taas hyvin luodaan katseita,[18] mitään pahaa ei tarjoudu mieleen.

Jos sanoisimme, että hän itse aikaansai pahan tahtonsa, mitä hän itse oli ennen pahaa tahtoansa muuta kuin hyvä luonto, jonka luoja on hyvä Jumala, joka on muuttumaton hyvyys?

Jos siis joku sanoo, että pahan tahtonsa, joka aiemmin joka tapauksessa oli hyvä, teki vahingokseen itse se henkilö, joka tuli yksimieliseksi koettelevalle ja taivuttelevalle asialle, jolle yksimieliseksi ei tullut se toinen, mutta kiusaukseen suostunut puolestaan tuli sille yksimieliseksi käyttääkseen luvattomasti hyväkseen tuota kaunista vartaloa, joka runsaasti tulvi yhtäläisesti nähtäväksi molemmille, silloin kun he molemmat ennen tuota näkemistään ja kiusaustaan olivat olleet yhtäläisiä sielultaan ja ruumiiltaan, hän kysynee, minkä vuoksi hän teki pahaksi tahtonsa: senkö vuoksi, että hän on luotu luonto, vaiko siksi, että hänet on luotu tyhjästä.

---

[18] Houkutukseen suostuneesta katselusta (naisen katselemisesta himolle antautuen) Herramme itse puhuu mm. Matt. 5:28 s., mitä kohtaa Augustinus selittää temaattisesti, Herramme Vuorisaarna, s. 30–38.

Ja kysyjä tulee huomaamaan, että paha tahto ei saa alkua olemassaololleen siitä, että se on luonto, vaan siitä, että se on luotu tyhjästä.[19]

Sillä jos luonto on pahan tahdon syynä, mitä muuta meidät pakotetaan sanomaan kuin, että paha syntyy hyvästä, ja että hyvä on pahan syynä, koskapa kerran paha tahto syntyy hyvästä? Sen vuoksi, mistä syystä voisi tapahtua sellaista, että hyvä luonto – kuinka tahansakin muuttuvainen –, ennen kuin luonto omaa pahaa tahtoa, tekee jotakin pahaa, se on: juuri pahan tahtonsa?

---

[19] Tässä siis Augustinus samaistaa luonnon ja siinä vallitsevan tahdon esitetyssä koetilanteessa, tahto kun sijaitsee luonnossa. Maailman ensimmäisessä kokeessa puolestaan oli ensimmäinen langennut enkeli, Saatana. Mitä meihin itseemme tulee, vertaa 1 Kor. 6:9–10.

– Kuten Augustinus siis opetti, paha tahto tuli hyvän luonnon ja tahdon jälkeen. Ja paha tahto, eli pahan tahtoinen luonto, on aina vastoin luontoa ja ihmisen oikeaa luontoa, turmelee ja hävittää sitä.

– Freudilaisethan katsovat myös vääristyneen tahdon, eli himon, kuuluvan luontoon. Siten he sekoittavat luonnon ja siinä vallitsevan turmeluksen, joka on alkanut ja toimii luonnon ja luonnon järjestyksen vastaisesti, kuten edellä Augustinus on opettanut.

Pahan tahdon saamisen vaikuttavaa syytä ei pidä kysyä, koska tuo syy tietyllä tavalla puuttuu. Mikä on pahan tahdon aloittaminen. Miten pahan tahdon syy saadaan tietää sen positiivisen ilmauksen puuttumisesta.

Luku XII,7

Kukaan älköön siis kysykö pahan tahdon saamisen vaikuttavaa syytä, se syy näet ei ole vaikuttava syy, vaan puuttuva syy.

Se on nimittäin puuttumisen alkaminen hänestä, joka ylimmäisesti on olemassa, sen asian tähden, mikä vähemmässä määrin on olemassa. Tämä on pahan tahdon aloittamisen saaminen.[20]

Edelleen, tahtominen saada tietoonsa syyt tuollaisista puuttumisista, silloin kun niiden olemassaololle ei ole vaikuttavia syitä, kuten mainitsin, vaan vain puuttuvia syitä, on, kuin jos joku tahtoisi nähdä pimeyden tai kuunnella vaiti olemista. Koska kuitenkin molemmat, pimeys ja vaiti oleminen, kumminkin ovat meille tunnettuja, eikä pimeys ole tunnettu muutoin kuin silmiemme kautta eikä vaitiolo muutoin kuin korviemme kautta, tietämistä ei saavuteta aivan [suoraan positiivisesta] ulkomuodosta tai ilmauksesta [valon tai äänen kuulemisesta], vaan sellaisen ilmauksen puuttumisesta.

Kukaan älköön siis vaatiko minulta pahan tahdon alkamisen vaikuttavaa syytä, koska tiedän, etten sitä tiedä. Paitsi ehkä siksi vaatikoon, jotta hänkin oppisi olemaan sitä tietämättä, koska [yleensä] on tiedettävä, ettei sitä voida tietää.

Tällaiset asiat todella tiedetään – ei niiden positiivisesta ilmauksesta, vaan – sellaisen puuttumisesta, jos ne voidaan sanoa tai käsittää. Ne tiedetään eräällä tavalla tietämättömyydestä, niin että niitä ei tiedetä tietämisen perusteella.

Silloin näet, kun ruumiillisen silmän terävä katse kulkee yltympäri aineellisten hahmojen, se ei koskaan näe pimeyksiä muualla kuin siellä, missä se lakkaa hahmoja näkemästä. Vastaavalla tavalla ei koske jotakin muuta aistia, vaan yksin korvien aistia, tajuta hiljaisuus. Tätä ei kuitenkaan tajuta millään muulla tavalla kuin olemalla kuulematta.

Vastaavasti ajateltavissa olevat [käsitteelliset] ilmaukset järki tosin älyllään käsittää, mutta siinä missä ideoiden tällaiset positiiviset ilmaukset puuttuvat, järki oppii niiden puuttumisen tietämään, koska ei niitä tiedä.

Erehdykset, kuka ymmärtää?[21]

---

[20] Tämän tähden Jumalan sanasta luopuminen on ylpeyden alkusyy ja edelleen ylpeys kaiken pahan alkusyy. Siksi paluu nöyryyteen ja Jumalan yhteyteen tapahtuu Sanan kunnioittamisen kautta, kuten autuaaksijulistuksista ensimmäinen (*autuaita ovat hengellisesti köyhät*) ja Isä meidän -rukouksen ensimmäiset sanat (*Isä meidän*) opettavat. Tietysti pitää Jumalaa ja oikeata yhteyttä etsiä hurskasten eikä jumalattomien kanssa. Vrt. **Augustinus, Herramme Vuorisaarna** 2.5.18 , s. 100.

[21] Ps. 19:13.

Jumalan luomat hyvyydet eivät ole varsinaisesti vaikuttavat syyt hyvyyksien takaperoisille valinnoille. Mikä on oikeudenmukainen rangaistusseuraus.

Luku XII,8

Sen tiedän, että Jumalan [oma] luonto ei milloinkaan, ei missään, ei miltään osin voi tulla vaillinaiseksi, mutta se luonto voi tulla vaillinaiseksi, mikä on luotu tyhjästä.

Nämä luodut luonnot kuitenkin, mitä suuremmassa määrin ne ovat olemassa, myös hyviä asioita tuottavat – silloin ne näet tuottavat jotakin [= eivät ole tuottamatta mitään] – omaten vaikuttamilleen hyvyyksille niiden syntymisien syyt. Sitä vastoin, siinä määrin kuin luodut luonnot tulevat puuttuvaisiksi, ne myös tästä asiasta johtuen aikaansaavat pahoja asioita – mitä muuta näet luontojen puutteet silloin aikaansaavat kuin tyhjiä asioita? – omaten vähentävät syynsä hyvyyksien syntymiselle.

Samaten tiedän, että siinä, missä paha tahto tapahtuu, se siinä tapahtuu, mikäli asianomainen ei tahtonut, ettei se tapahtuisi. Ja niin ollen oikeudenmukainen rangaistus seuraa toisaalta tarpeettomia, toisaalta vapaehtoisia [muodostuvia] luonnon puutteita. Luontohan heikentyy – ei pahojen asioiden tähden, vaan – *pahasti,* se on: luotu luonto ei heikenny pahojen luontojen tähden, vaan siitä syystä *pahasti*, että se vastoin luontojen järjestystä on [mukautunut] pois siitä, mikä on olemassa erinomaisimmin, siihen, mikä on vähemmän hyvää.[22]

Ei näet ahneuskaan ole kullan vika, vaan kultaa nurinkurisen väärin rakastavan ihmisen vika, sen oikeuden tultua hylätyksi, jonka oikeuden piti tulla verrattomasti kultaa ennemmin etusijalle. Eikä nautinnonhimo ole kauniiden ja suloisten vartaloiden vika, vaan ruumiillisia aistinautintoja väärin rakastavan sielun vika, sen maltillisuuden tultua laiminlyödyksi, joka maltti sovittaa meidät kunnollisesti hengellisesti kauniimpiin ja turmeltumattomasti suloisempiin asioihin. Eikä kerskailu ole inhimillisen kiitoksen vika, vaan ihmisiltä kiitetyksi tulemista nurinkurisesti rakastavan sielun vika, sielunsa välittämättä omantuntonsa todistuksesta.[23] Eikä ylpeys ole asianomaiselle toimivallan antaneen vika, tai itsensä toimivallan vika, vaan valtaansa nurinkurisesti rakastavan sielun vika, asianomaista mahtavamman vallan tultua halveksituksi.

Ja tämän tähden, se, joka nurinkurisesti rakastaa minkä tahansa luonnon hyvyyttä, vaikka sen hyvyyden saavuttaisikin, hän tulee tuota hyvää varten pahaksi ja kurjaksi, sitä paremmasta hyvästä riistettynä.

---

[22] Tätä asiaa – luonnon ja sielun heikkenemistä kesyttämättömien himojen tähden, parantumista ja voimistumista oikean uskon tähden – Augustinus opettaa usein, hyvin selkeästi myös **Kristillinen Opetus**, 3.10.16, s. 95. Itse Kristus puolestaan on asian kiteyttänyt sanoissaan: *Tehkää puu hyväksi ja sen hedelmä hyväksi.*

[23] Vrt. **Augustinus, Herramme Vuorisaarna**, s. 92 ind. 1 ja luku 2.2.5–9 selityksenä kohtaan **Matt. 6:2–3.** – Yleensä on huomattava, että *omatunto on* Luojan ihmiselle antama lahjomaton *oikeudentaju,* jonka valaisemassa järkensä valossa paatumaton ihminen tietää, milloin hän on vilpillinen, tai tekee väärää valintaa, tai tulkitsee väärin Raamattua, tai maallinen laki on Raamatun ja luonnon järjestyksen mukainen tai toisaalta niiden vastainen. Kts. Room. 2:14–16 etc. Jos siis joku ei tahdo ”sekoittaa” omaatuntoaan jonkin asian käsittelyyn ja ratkaisuun, hän ei tahdo sekoittaa asiaan oikeustajuaan.

Mikä luo pahan tahdon? – Jumala on luonut pyhille enkeleille sekä hyvän luonnon että myös hyvän tahdon heidän luontoonsa rakkautena, joka heihin on vuodatettu Pyhän Hengen kautta. Vastaavasti niillekin ihmisille, jotka tulevat Jumalan yhteyteen uskomalla Raamatun arvovaltaan, Pyhä Henki vuodattaa rakkauden Jumalan sanaan ja luo hyvän tahdon.

Luku XII,9

Pahan tahdon vaikuttavana syynä siis ei ole mikään *luonnonmukainen* (naturalis) syy – tai jos niin voidaan sanoa: *olemassa oleva* (essentialis) syy – , koskapa paha tahto panee itsenäisesti alulle sen pahaksi muuttumiseen mahdollisen tahtonsa, joka vähentää ja väärentää luonnon hyvyyden.

Eikä tällaista kieroa tahtoa aikaansaa muu kuin se luopuminen, jossa laiminlyödään/hylätään Jumala. Ja tämän luopumisen asia/tila jättää luopujansa joka tapauksessa pulaan [ilman Jumalan apua, josta samalla luovutaan]. Jos sanoisimme, ettei sitten hyvälle tahdollekaan ole olemassa mitään vaikuttavaa syytä, on varottava sellaista uskoa, että pyhien enkeleiden hyvä tahto olisi ei-tehtyä [luomatonta], vaan olisi Jumalan kanssa yhtä iankaikkista. Koska näet heidät itsensä on luotu, miten sitten heidän tahtonsakin eivät olisi olemassa luotuina?

Edelleen, koska tahtonsa ovat luotuja, luotiinko ne yhdessä heidän kanssaan, vai olivatko enkelit olemassa ensin ilman hyvää tahtoansa? Mutta jos se luotiin yhdessä heidän itsensä kanssa, ei ole epäselvää se, että sen loi Hän, joka loi heidät itsensäkin. Ja samalla niin pian kuin heidät oli luotu, he sillä rakkaudellaan, jonka kanssa heidät luotiin, tarttuivat Jumalaan. Ja tämän rakkauden tähden nuo pahat enkelit erotettiin hyvien enkelten yhteydestä, koska nämä hyvät pysyivät samassa hyvässä tahdossa, nuo toiset vähentymällä pois hyvästä tahdostaan muuttuivat. He muuttuivat pahan tahtonsa tähden nimittäin juuri sen vuoksi, sikäli kuin he luopuivat hyvästä tahdostaan. Joka tapauksessa, jos he eivät olisi tahtoneet, he eivät olisi vähentyneet rakkaudessaan.

Mutta jos puolestaan hyvät enkelit olivat olemassa ensiksi ilman hyvää tahtoansa, ja he aikaansaivat itse itseensä hyvän tahdon, niin he tulivat omasta toimestaan paremmiksi kuin Jumalan toimesta. Mitä näet tahdot olivat ilman hyvää tahtoa muuta kuin pahoja tahtoja?

Tai jos enkelit eivät sen tähden olleet pahoja, koska pahakaan tahto ei vielä heissä sijainnut – eivät he nimittäin olleet alkaneet [syntiä tehden] puuttumaan sellaista, mitä he eivät vielä alkaneet omistamaankaan – he varmasti vielä sellaisina eivät olleet niin hyviä kuin sitten, kuin he alkoivat olla olemassa yhdessä hyvän tahtonsa kanssa.

Mutta sitä vastoin, jos enkelit eivät voinee tehdä itse itseänsä paremmiksi kuin heidät oli tehnyt Hän, jota paremmaksi kukaan ei mitään tee, he eivät todellakaan voineet muuta kuin Luojan ollessa auttavana aikaansaajana omistaa tuota hyvää tahtoansakaan, johon nähden he olivat parempia [kuin ilman mitään tahtoa].

Ja silloin kun heidän hyvä tahtonsa aikaansaa sen, etteivät he kääntyneet omaan itseensä Jumalaa vähäisempinä, vaan Häneen, joka edustaa korkeinta olemassaolemista, ja he itsekin Häneen kiinnittyvinä olivat enemmän olemassa olevia (heikentymättömiä/katoamattomia) sekä elivät viisaasti ja autuaasti Jumalaan osallistumisensa tähden: mitä muuta tästä osoitetaan, paitsi että kuinka tahansakin hyvä tahto heillä olisi ollut, sittenkin olisi ollut voimaton se, mikä tulee pysymään vain hyvää tahtoa kaipaavana. Jollei Hän, joka oli tehnyt hyvän luonnon tyhjyydestä kykeneväiseksi hyvään, olisi itse kauttansa aikaansaannoksellaan tehnyt tuota hyvää luontoa täydentäen sen paremmaksi, ensiksi tehden luonnon melkoisen halukkaaksi rakkauteen Jumalaan.

Näet, myös sitä on pohdittava, että jos hyvät enkelit ovat itse itseensä tehneet hyvän tahdon, tekivätkö he sen jollakin tahdollaan vai ei millään tahdollaan. Jollei millään tahdolla, hyvää tahtoa joka tapauksessa he eivät tehneetkään. Jos pahalla tahdollaan, kuinka paha tahto saattoi olla hyvän tahdon synnyttäjätär? Jos hyvällä tahdolla, heillä siis jo oli hyvä tahto. Ja niin tuon hyvän tahdon teki, kukapa muu kuin Hän, joka loi hyvät enkelit yhdessä niiden hyvän tahdon kanssa, se on: Hän loi hyvät enkelit yhdessä siveän/kunniallisen rakkauden kanssa (amore casto), jolla nämä riippuivat Hänessä, luoden enkeleille samalla kertaa sekä näiden luonnon että runsaasti suoden suosionsa (largiens gratiam).

Tästä syystä on uskottava, etteivät ilman hyvää tahtoansa, se on: ilman Jumalan antamaa rakkauttaan, pyhät enkelit milloinkaan ole olleet olemassa.

Ne enkelit taasen, jotka, vaikka olivat luodut hyviksi, kuitenkin olivat pahoja – oman pahan tahtonsa tähden, mitä tahtoa heidän hyvä luontonsa ei tuottanut, paitsi silloin kun luonto omasta tahdostaan luopui hyvyydestä, niin ettei pahuuden syynä ole hyvyys vaan hyvyyttä vähentävä luopuminen – joko he olivat vastaanottaneet pienemmän Jumalan suosion kuin ne toiset, jotka olivat kestäneet samassa tahdossaan, tai jos he joka tapauksessa olivat luodut yhtäläisesti hyviksi, näitä pahan tahtonsa vuoksi vaipuvia enkeleitä avarammin autettuina hyvät enkelit ovat päässeet perille siihen autuuden täydellisyyteen, josta he eivät milloinkaan tulleet sortumaan. Näinhän olemme tätä asiaa käsitelleet jo siinäkin kirjassa, jota kirjaa edellä sanottu noudattaa. [24]

Myönnettävä tämä asia on, koska Luojalle kuuluvalla kiitollisuudella ei voida sanoa ainoastaan pyhiä ihmisisiä koskien, vaan myös pyhiä enkeleitä koskien, että *"Jumalan rakkaus on vuodatettu heihin Pyhän Hengen kautta, joka on heille annettu."*[25] Eikä voida sanoa vain ihmisten, vaan ensin erityisesti hyvien enkelten asiaksi se, mistä on kirjoitettu: *"Mutta minulle hyvä on pitäytyminen Jumalaan."*[26]

---

[24] Kts. XI,13.

[25] Room. 5:5.

[26] Ps. **73**:15,24,**28**. Lat. *mihi autem adherere Deo bonum est*. Vastaavasti LXX ja Vulgatassa LXX:stä käännettynä. Hepreasta käännettynä *pitäytyä*-verbin asemesta (adherere) Vulgata käyttää *lähestyä*-verbiä (adpropinquare Deo), lähestyä / olla lähellä Jumalaa, mikä lukutapa näkyy perinteisessä KR:ssa. Itse ajatushan on sama molemmissa lukutavoissa. – Vrt. esillä olevan Psalmin jaetta 73:27:ää Jer. 17:13:een, ja edelleen Jeesuksen kuvaannolliseen eleeseen vastauksena fariseusten kysymykseen, pitäisikö haureellinen tuomita, Joh. **8**:6,8 mukaan.

Tämän hyvän ne, joille se on yhteinen asia, omaavat sekä Hänen kanssaan, johon he pitäytyvät, että omistavat keskenään pyhän yhteisön; ja he ovat yksi *Jumalan valtio* ja samalla myös Hänen *elävä kiitosuhrinsa*[27] ja *elävä temppelinsä.*[28]

Tämän temppelin se osa, mikä on liitettävä kuolemattomiin enkeleihin kuolevaisista ihmisistä, kootaan yhteen joukkoon. Ja tämä [autuas] osa ihmisiä vaeltaa ohimenevästi kuolemanalaisena maan seutuja; tai tämä osa niissä ihmisissä, jotka jo ovat saavuttaneet kuolemansa, lepää sielujen salaisessa turva- ja lepopaikoissa; niin kuin kyseisen temppelin osan on kohottanut sama Jumala. Kuten tämä autuas asema enkeleistä jo sanottiin, niin katson nyt sen ihmistenkin osalta sanottavaksi.

Niinpä yhdestä ihmisestä, jonka Jumala aluksi loi, ihmislaji on ottanut alkunsa yhdenmukaisesti pyhän Raamatun uskon kanssa. Raamattu ei ansiotta omista ihmeellistä arvovaltaansa koko maan piirissä kaikkien kansojen keskuudessa. Nämä kansat hän on sanonut tulevan uskomaan siihen muiden totuuksiensa ohella, jotka hän on siinä sanonut ja todellisessa jumalisuudessaan edeltä ilmoittanut. [29]

---

[27] Vrt. Olli, Kirkkoisä Augustinuksen syntikäsitys Confessiones-teoksessa s. 162 ind. 44; s. 240 s.; Augustinus, Tunnustuksia V,1; **Apol. 24:19**; 2 Kor. 4:15; Kol. 3:15 etc.

[28] 1 Kor. 3:16 s; Ef. 2:21 etc.

[29] Edellä XI,4, ind, 21, Gen. 3:15; Deut. 18:15-19.

Tulee luopua niiden ihmisten arveluista, jotka eivät tiedä sitä, mitä puhuvat luonnosta ja ihmislajista. Ensiksi tarkastellaan, miten historia puhuu niiden totuudesta, jotka arvelevat, että maailma ja ihmissuku ovat aina olleet olemassa.

Luku XII,10

Luopukaamme niiden ihmisten arveluista, jotka eivät tiedä, mitä puhuvat luonnosta ja ihmislajista.

Ja näistä nimittäin toiset ovat sitä mieltä, että ihmiset ovat aina olleet olemassa, kuten he ovat uskoneet itse maailmasta.[30] Tästä Apuleiuskin[31] vakuuttaa, kun määritteli kyseistä elävien olentojen lajia: he ovat yksittäisinä ihmisinä kuolevaisia, mutta kaikki ihmiset koko lajiin yhdessä katsoen laji on aina jatkuva.[32]

Ja näiden henkilöiden [= mainitulla tavalla ajattelevien] keskuudessa tämä lausuma oli [siis] siitä, että jos ihmislaji aina on ollut olemassa. Millä tavalla sitten heidän totuuttaan puhuu historia kertoen, ketkä ovat olleet olemassa ja minkä asioiden keksijöinä, ketkä olivat ensimmäisinä vapaiden tieteiden[33] ja muiden taitojen jouduttajia, tai keiden toimesta ensimmäiseksi tämä tai tuo seutu ja maiden osa, tämä tai tuo saari, alkoi tulla asutuksi?

Nämä tapahtumat ovat verrattavissa yleisiin tulviin/hävityksiin ja tuleen syttymisiin tietyin aikavälein; eivät tosin kaikki, mutta varsin suuri osa maita niin autioituu, että ihmiset alennetaan mitättömään vähälukuisuuteen; näiden jälkeläisistä jälleen paljous saatetaan entiselleen. Ja siten monta kertaa hävitetty maa löydetään jälleen ja ryhdytään rakentamaan kuin ensi kertaa, vaikka mieluummin voitetaan takaisin ne, mitkä hävitykset olivat niissä ylen määrin keskeyttäneet ja saattaneet unohduksiin. Muutoinhan ihminen ei ollenkaan voi olla olemassa, paitsi ihmisestä.[34]

Mutta mainitut väittäjät puhuvat sellaista, mitä arvelevat, ei sellaista, mitä tietävät.

---

[30] Vrt. edellä XI,4.

[31] Apuleius, Lucius, s. n. 125 jKr., roomalainen kirjailija, kotoisin Madaurasta, Pohjois-Afrikasta, kaunopuheisuuden opettaja, sofisti [viisastelija] ja romaanikirjoittaja. A liikkui useilla kirjallisuuden alueilla. Tunnetuin on hänen fantastinen seikkailuromaaninsa "Metamorfoses" [muodonmuutoksia], suomennettu "Kultainen aasi", satiirinen ajankuvaus, jonka kaunein episodi on kreikkalaisen esikuvan mukaan sepitetty tarina Amorista ja Psyykestä. (Otavan iso tietosanakirja, Apuleius).

[32] Platonistiksi katsotun Apuleiuksen tämä määritelmä sisältyy hänen pitempään kuvaukseensa, jonka Augustinus on kokonaisuudessaan lainannut edellä IX,8 (Apuleius, De deo Socratis c. 4; Sokrateen jumalasta). Kohta sisältyy suomennettuun Jumalan Valtio -teokseen.

[33] *Vapaat taiteet (lat. artes liberales)* olivat alun perin vapaille miehille soveltuvia oppeja, joita oli kaksi ryhmää: *trivium* (=kolmen opin tie): retoriikka (puhetaito), dialektiikka (väittely- ja todisteluoppi) sekä matematiikka. Toisena ryhmänä oli *qvadrivium* (neljän tien oppi): aritmetiikka, geometria, musiikki ja astronomia, joita yleensä opiskeltiin edellisten jatkoksi filosofikoulussa, jotka vastasivat ylemmästä opetuksesta.

[34] Siis vain ensimmäinen ihminen, Adam, tarvitsi alkuperäkseen Jumalan luomistyön. Se, että elpyminen tuhosta näytti kuin alkuperäiseltä asuttamiselta, saattoi siis vaikuttaa sellaista käsitystä, että ihminen ilman Adamia, eli ensimmäistä ihmistä, oli aina ollut olemassa ilman luomistaan, kuten maakin ajateltiin sattumalta syntyneeksi ja ilman luomista sykleittäin aina olevaksi. Näitä harhakäsityksiä Augustinus on eritellyt edellä XI kirjan luvuissa.

Sellaiset historiallisia aikoja koskevat tietolähteet, jotka lisäilevät aikamääriin tarujenomaisesti useita vuosituhansia vastoin auktorisoituja Pyhiä Kirjoituksia ja kriittistä historiaa, eivät ole luotettavia eivätkä yhteensopivia varmojen ja pyhien lähteiden kanssa, vaikka niillä on kannattajinaan huomattavia henkilöitä ja kansansuosiota.

Luku XII,11

Pettävät näitä ihmisiä myös tietyt, erittäin valheelliset kirjat, jotka kertovat, että tuhansien vuosien paljouksia sisältyisi aikakausien historiaan, vaikka Pyhistä Kirjoituksista emme laske yhteensä vielä täyttä kuutta tuhatta vuotta ihmislaadun alkamisesta (ab institutione hominis).[35]

Tästä syystä en paljoakaan välitä siitä, millä tavalla näytettäisiin vääräksi heidän sellaisen kirjallisuutensa turhanaikaisuus, jossa kerrotaan [sanottua] paljon enempiä vuosituhansia. Eikä ainoatakaan tähän kysymykseen pätevää auktoriteettia niistä kirjoista saada tietoon.

[Mainittakoon] tietty Aleksanteri Suuren kirje, jonka hän kirjoitti äidilleen Olympialle, erään egyptiläisen papin selostuksena, jonka Aleksanteri sulkee suosioomme (johon hän vetoaa), ja jonka hän toimitti sellaisista kirjoista, joita egyptiläisten keskuudessa pidettiin pyhinä.[36] Tämä kirje sisältää myös sellaisia valtakausia (regna), jotka kreikkalainenkin historia tuntee.

---

[35] Yksimielisyys eri tutkijoiden kesken on siitä, milloin alkoi *historiallinen aika*, se on: aika, josta alkaen on tallella *kirjoitettuja* lähteitä. Historiallisen ajan alku asetetaan tämän mukaan *sana*kirjoituksen ilmestymiseen n. v. 3100 eKr. tienoilla sumerilaisten nuolenpääkirjoituksessa. Tätä edeltävää aikaahan nimitetään *esihistorialliseksi ajaksi*, jota koskevat mielipiteet perustuvat kristinuskon kannalta yhtäältä Raamatun sanasta välittömästi vedettäviin loogisiin johtopäätöksiin, toisaalta luonnosta ja historiallisista havainnoituihin välittömästi johdettuihin tietoihin, kuten myös arkeologiasta välittömästi johdettaviin tietoihin. Viimeksi mainittuja tietoja sanomme *yleiseksi ilmoitukseksi*, Raamattuun perustuvaa puolestaan *erityiseksi ilmoitukseksi*.

– Mitä etäämpänä mielipide on varmasta Raamatun sanasta tai varmasta havainnosta, ts. mitä enemmän mielipiteeseen sisältyy tulkintaa, tai arvion lähtökohtaan sisältyy vieläpä todistamattomia olettamuksia eli hypoteeseja (jotka teoretisoinneissa ovat yleisiä, jopa välttämättömiä) filosofioiden, koulukuntien, tendenssien, motiivien jne. vaikutuksesta, sitä enemmän aikamääräarvot eroavat keskenään ja Raamatusta ja luonnosta välittömästi johdettavista tiedoista.

– Myös Luther pitäytyy Raamatun aikamääriin myös viimeisessä suurtyössään, Ensimmäisen Mooseksen kirjan selitys, osat 1–6.

– Augustinus tunsi ja hyödynsi kirkkohistorian isän, Eusebiuksen, teosten tietoja. Eusebius laski ajan luomisesta Alarikin Rooman valloittamiseen (joka oli 410 jKr.) 5611 vuodeksi. Penguin Classics, St. Augustine, City of God, s. 484, ind. 21. – Augustinus, Kristillinen Opetus, s. 77 ind. 2 on Eusebiuksen esittelyä, ja A:n suhtautumisesta Eusebiuksen kirkkohistoriaan, joka on säilynyt aikaamme asti ja jonka Ivar A. Heikel on suomentanut v. 1937.

[36] Mahtoiko Aleksanterin suosioon egyptiläisiä lähteitä kohtaan vaikuttaa se, että saavuttuaan Egyptissä Amonin keitaalle Amonin temppelin papit vihkivät hänet Amon-jumalan pojaksi ja ilmoittivat hänen tulevan maailman herraksi?

Näissä historioissa Aleksanteri ylittää Assyrian valtakauden viidellä tuhannella vuodella samaisessa kirjeessään. Sitä vastoin kreikkalaisessa historiassa Assyrian valtakaudella on pituutta suunnilleen tuhat kolmesataa vuotta, itsensä Beluksen yliherruudesta alkaen, [37] minkä kuninkaan tämä egyptiläinenkin tietolähde asetti saman Assyrian vallan alkuun.

---

[37] Lat. ab ipsius Beli principatu. Beli on genetiivi nominatiivimuodosta Belus, jonka Augustinus kohdassa XVIII,21 mainitsee olleen Ninus-poikansa isä; Belus oli ensimmäinen sellainen Assurin kuningas, joka oli tyytyväinen kuningasvaltansa suuruuteen. Tässä kohtaa Assurin valtakausi lasketaan 1305 vuodeksi Belus mukaan luettuna.

Ninuksen (kr. Ninos) vallan laatua, sitä, että Assurin tämä kuningas ensimmäisenä aloitti sodat rajanaapureitaan vastaan ja hyödynsi uudet voitot jatkuviin laajennuksiin, ja että tämä menettely itse asiassa oli vain suuren luokan rosvoamista, Augustinus on käsitellyt luvussa IV,6, jossa Assurin valtakausi lasketaan 1240 vuoden mittaiseksi. Vrt. Penguin Classics, St. Augustine, City of God, s. 484, ind. 23.

Jos lisäämme eri nykyhistorioissa annettuun Assyrian kukistumisaikaan, noin vuoteen 610, A:n luvussa IV,6 mainitsemat n. 1240 vuotta, tulemme vuoden 1850 tietämiin. Šamši-Adad vapautti Assurian, jonka valta ulottuu sitten Välimereen. Tämän kuninkaan Suuri Raamatun Tietosanakirja 3, palsta 7112, ajoittaa n. vuoteen 1850 eKr. Monet uudet historiat ja historialliset karttakirjat eli Atlakset ajoittavat hänet sata vuotta nuorempaan aikaan, 1750 eKr. Nämä näkemyserot ovat tavallisia historioitsijoiden keskuudessa. (Esimerkiksi exoduksen eli israelilaisten Egyptistä lähdön ajoituksessa vallitsee 300-400 vuoden suuruinen ero; perinteinen konservatiivinen käsitys on ajoittanut sen Thotmes III yhteyteen ja vuoden 1450 tienoille; konservatiivienkin keskuudessa hänet ja exodus ajoitetaan vielä vanhempaankin aikaan. Täysi tai huomattavan suuri yksimielisyys arkeologien kesken vallitsee siitä, että Jerikon hävitys ei ole voinut tapahtua myöhemmin kuin v. 1400. Jos siis, kuten Raamattu sanoo, israelilaiset maahan tunkeutuessaan hävittivät Jerikon ja sitä ennen olivat korpivaelluksella 40 vuotta, tämän mukaan exodus ei ole voinut olla myöhemmin kuin noin v. 1450, tällöin myös Tuomarien kirjan ja muiden Raamatun kirjojen ilmoittamat aikamäärät asettuvat kohdalleen, kunnes tullaan Daavidin ja Salomon aikaan, aikansa supervallan kauteen, jonka ajoituksesta jälleen on melko tarkka yksimielisyys historioissa.)

– Assurian valtahan päättyi tuolloin, v. 608, dramaattisesti, yhtäkkisesti ja lopullisesti. Kenraali Aššur-uballit II antautui Harranissa 608 (Otavan Iso Tietosankirja, Armas I Salonen). Tätä ennen kuningas Nebugadressar (Nebobolassar) oli Meedian Kyaksareen kanssa v. 614 valloittanut Aššurin kaupungin ja v. 612 Niniven, imperiumin pääkaupungin. V. 605 farao Nekho II lyötyään v. 609 Juudan Joosian hävisi Karkemišin taistelun Babylonian Nebugadressarille, jolloin Egyptin suojeluksessa ollut Syyriakin siirtyi Babylonialle.

Babylon ja Assur olivat yleensä seemiläisiä veljesvaltioita, jotka taistelivat ankarasti keskenään. Assurin häviöön johti loppuvaiheessa kuningas Assurbanibalin (668–627) taistelu vanhempaa veljeänsä, Babylonian kuninkaaksi määrättyä Šamaššumunkia, vastaan, jolloin Babylon pääsi voitolle Nebugadressarin johdolla. Ja tuon Assurbanibalin (668–627; ′Assur on luonut pojan′) aikana Assurin mahti oli suurimmillaan käsittäen myös Egyptin, eli siis vain kaksikymmentä vuotta ennen lopullista tuhoaan, mikä osoittaa häviön dramaattisuuden. Aikalaiset tietysti riemuitsivat sortovallan päättymisestä.

Assurilla (<Aššur) on esihistoriansa, ja historiallinen aikansa alkaa n. 2500 eKr. vaiheilta, jolta ajalta on todettu silloinen pääkaupunki Aššur, jossa on tehty runsaita arkeologisia kaivauksia. Kaikkiaan Assurin historiassa oli kolme mahtikautta ja välissä heikkouden ajat. Ensimmäisen suurvallan perusti edellä mainittu Šamši-Adad. Toinen suurvaltakausi alkaa valloittajakuningas Adad-Nirari I:stä n. 1300 eKr., kolmas suurvaltakausi alkoi kehittyä v. 900 vaiheilla, Adad-Nirari II:sta. >

Raamatussa Assur on ensin Seemin poika (1 Moos. 10:22), kuten Elam ja Aramkin, jonka jälkeläisiä Aabraham on Kaldean Urista. Assur on paitsi kansa ja kaupunki ja hallintoalue myös sen niminen jumala. Grimbergin maailmanhistorian kuvauksen mukaan Assur oli aluksi heimon pääjumala, myöhemmin pääjumalaksi tuli Bel, joka tässä indeksissä on edellä mainittu. Bel tarkoittaa Herraa, samaa kuin kanaanilaisten Bal ja sama kuin Babylonian pääjumala Bel eli Marduk; edelleen, Kreikan Zeus ja Rooman Jupiter.

Babylon oli tietyissä vaiheissaan vahvempi valtakunta kuin Assur, sen vuoksi Assurin kansalle ja kuninkaille poliittiseksi kehitykseksi tuli, että he samaistuivat ja omistivat Belin eli Mardukin hyveet ja vallan (arvot), samaan tapaan kuin puolueilla yhä tänään on poliittisesi välttämätöntä kannattaa esim. tasa-arvoa tai köyhäin asiaa tai liberaalisina kannattaa naisten ”tissien” tai reisien ym. näyttämistä riitteineen (mielenosoituksissakin), jotta asianomaisen tahon kannatus saavutettaisiin.

Assyrian kuninkaat liittivät, kuten monet kanaanilaisetkin kuninkaat pääjumalansa nimen kuninkaalliseen omaan nimeensä, jonka loppuosa on tavallisesti bal/bel, tai joku muu suosiossa oleva jumaluus. Niinpä myös Tiglatpileser-nimeä kantaneiden kolmen kuninkaan nimeä Grimbergin historia, 2, 154, selittää: Oikeastaan: Tukulti-apil-Ešarra, mikä merkitsee: ”Apuni on Ešarran poika”, Ešarran poika puolestaan on Ninurta, metsästyksen ja sodan jumala. Assyrian kansa ja kuninkaat rakastivat suuresti metsästystä. – Millä tavalla tämän metsästyksen jumalan, Ninurtan, nimi on relaatiossa Augustinuksen IV,6:ssa edellä mainitsemaan nimeen Ninos > Ninus, joka oli pääjumalan Belin nimeä kantavan isänsä, Beluksen, poika, sen tarkemman tutkimisen rajaan aiheeni ulkopuolelle. Sanottava kuitenkin vielä on, että *pääjumalan puoliso* oli Babyloniassa ja edelleen Assurissa ***Ištar***, aistillisen rakkauden ja hedelmällisyyden jumalatar, länsiseemiläisten ***Astarte***, jonka iljettävistä menoista Raamattu paljon puhuu, esim. Ahabin puolison Isebelin yhteydessä ja kaikkialla; hurskas kuningas Joosia teki niistä menoista kauniisti hallituskautenaan lopun, joskin liian myöhään, kuten kerrotaan 2 Kun. 23:5–8.

Siitä, miten *Astartea* palvottiin, on runsaasti kuvauksia historioissa ja esim. Makkabealaiskirjoissakin ja Raamatussa. Ilmestyskirja ja Uusi Testamentti myös siitä varoittavat esim. Ilm. 17:5; 18:2,3; Room. 13:13; 1 Kor. 6:9. etc. Kts. Otavan Iso Tietosanakirja, Astarte.

Näitä Assurin ja Babylonian jumalanpalvelusmenoja Grimbergin maailmanhistoria, 2, 178 s. kuvaa näin: ”Rakkauden jumalattaren palvontaan oli liittynyt hurjia tansseja, itsensä silpomista ja hirvittävää siveettömyyttä. Hänen papittarensa, ´temppeliportot´, olivat jonkinlaisia prostituoituja, joilla oli oma temppeliporttolansa, missä he varsinkin suurten uskonnollisten juhlien aikana antautuivat paikalle tulviville muukalaisille. Sellaisia temppeliporttoloita oli useiden vuosituhansien aikana myös Syyrian kansoilla, ja Intiassa niitä on vielä tänä päivänä… *Ištarin* papitkin palvelivat jumalatartaan siveettömyydellä. Miesten elimen itsesilvonta kuului hedelmällisyyden jumalattaren palvelukseen sekä Babyloniassa että Vähä-Aasiassa. Kun tämä kauhea toimitus oli suoritettu uskonnollisen raivokohtauksen vallassa, seurasi jotakin vielä inhottavampaa: kuohitut pukeutuivat naisen pukuun ja antautuivat temppeliprostituution haltuun: ´Ištar oli muuttanut heidän mieskuntoisuutensa naisekkuudeksi´. Suurina Ištarin juhlina kaikki riettaisiin juhlamenoihin kokoontuneet ´portot, ilotytöt ja -pojat sekä luonnonvastaiset papit´ viettivät hirveää elämää. Puhtaat neidotkin silloin uhrasivat neitseytensä.”

Sodomia (Gen.19:5) on *luonnonvastaisuutta*, jossa joko muutetaan sukupuolta (mikä nykylääketieteen mukaan ei tietyllä tasolla dna:ssa ole edes mahdollista) seksiä varten, tai yhtymällä eläimeen. Tällainen on siihen ryhtyjälle ilman ainoatkaan poikkeusta vahingollista, sekä sielullisesti että ruumiillisesti että yhteiskunnallisesti että iankaikkisesti, koska *luonnonvastaisuus poikkeuksetta* on vahingollista. Siksihän kristillinen usko onkin terveellistä, että se tukee Luojan luontoa eli tervettä luonnonmukaisuutta, joka ainoastaan tuo aidon ilon ja joka aina on Luojansa luonnon mukaista. Tästä A on edellä XII,3 opettanut, *ettei mitään syntiä ja vikaa olisi olemassakaan*, jollei se vahingoita luontoa, joka sinällään on Jumalan luomaa hyvää. – Jumala tuhosi Israelin tieltä kansat, jotka tähän syyllistyivät, ja sitten sekä Israelin että Juudan, koska nekin siihen lankesivat. Jumala ei katso tahdossaan kansaan eikä henkilöön.

Valitettavasti aikanamme myös Suomessa nuoret tytöt yleisten keskustelujen mukaan horjuvat kristillisen mielensä terveydestä. Tunnettuja kirkkoherrojakin on muuttanut sukupuoltaan ilman rangaistusta, ja kulttuuri ja media varjelee homoutta ja tekee sillä bisnestä avoimesti ja ilman rangaistusta; lainsäädäntä, tavat ja tottumukset tulevat tämän vahingon suojelijaksi, patronukseksi. – Jääköön tässä puhumatta katolisen kirkon laajat väärinkäytökset, samoin lahkojen ja suuren yleisön toistuvat pahat ja siveettömät teot.

Persialaisten ja makedonialaisten imperiumeille aina itseensä Aleksanteriin asti, jolle tuo lähde on tekemässä esitystään, se ratkaisi pituudeksi enemmän kuin kahdeksan vuosituhatta, vaikka kreikkalaisten keskuudessa makedonialaisten valta aina Aleksanterin kuolemaan[38] asti huomataan neljäsataakahdeksankymmentäviisi vuotta pitkäksi. Persialaisten valta puolestaan, siihen asti, kunnes Aleksanterin voitto[39] heistä sen *päätti*, lasketaan yhteensä kaksisataakolmekymmentäkolme vuotta pitkäksi. Niinpä kovasti nämä vuosiluvut ovat noita egyptiläisiä pienempiä, eivätkä ne sovi yhteen, vaikka vain tämänkin verran niitä verrattaisiin. Kerrotaan näet egyptiläisillä muinoin olleen niin lyhyet vuodet, että ne päättyivät neljän kuukauden jaksoissa. Tästä syystä sellainen täydellisempi ja todellisempi vuosi, jollainen nykyään on sekä meillä että egyptiläisillä, käsitti kolme heidän muinaista vuottaan. Mutta ei edes näinkään, kuten olen selittänyt, kreikkalainen historia ole sopusoinnussa egyptiläisten aikojen luvuille.

Ja tästä syystä mieluummin Kreikan historiaan on luottamus omistettava, koska se ei ylitä totuutta niiden vuosien määrässä, jotka sisältyvät Raamatun kirjoihimme, jotka todella pyhiä [tietolähteitä] ovat.

Edelleen, jos tämä Aleksanterin kirje, joka on huipputunnettu, paljon poikkeaa aikojen pituuteen nähden hyväksyttävissä olevasta asioiden uskomisesta, paljoa vähemmän on luotettava niihin kirjoituksiin, jotka ovat tahtoneet tuoda esiin runsastarinaisuudellaan, kuten antiikin tarinoilla, kovia väitteitä sisältävää kirjallisuutta vastoin tunnetuimpien ja jumalallistenkin kirjoitusten arvovaltaa. Raamatun arvovalta on edeltä käsin ilmoittanut, että koko maanpiiri tulee Kirjoituksiinsa uskomaan, ja niihin koko maanpiiri on uskonut, kuten asiasta on mainittu.[40] Kirjoituksensa Raamattu on osoittanut oikeaksi kerrottuaan menneet tapahtumat niiden asioiden mukaisesti, mitkä se edeltä on ilmoittanut tulevan tapahtumaan, silloin kun Raamattu osoittaa etukäteen kirjoittamansa asiat niin suuresti toteutuvan.[41]

---

[38] Aleksanteri Suuri kuoli v. 323 (Babyloniassa kuumeeseen). Otavan suuri tietosanakirja mainitsee, että tämän pohjoiskreikkalaisen heimon vallan perustaja on Perdikkas, n. 650 eKr. Makedonian ilmoitetaan syntyneen v. 700 paikkeilla, ja sen suurin kukoistuskausi oli 300-luku eKr. Makedonialaisia muut kreikan heimot eivät laskeneet helleeneihin. (Internet/Wikipedia).

[39] Gaugamelan taistelu oli 331 eKr. (Issoksen voitto oli pari vuotta aikaisemmin), edelliseen lisättynä 233 v, johtaa vuoteen 564. Kyyros II Suuri, muinaispersian imperiumin luoja, tuli lähteeni mukaan (Otavan Iso Tietosanakirja) persialaisten kuninkaaksi v 559. Häneen joka tapauksessa tässä viitataan.

[40] XI,4 ind. 21. Gen. 3:15; Deut. 18:15–19.

[41] Toisin sanoen, kuten Penguin Classics -editio kääntää tämän vapaasti: Raamatun tulevaisuutta koskevien profetioiden realisoituminen takaa raamatullisten menneisyyttä koskevien kertomusten totuuden. Augustinus tarkoittaa tässä samaa asiaa. Muutoin hän lausuu näinkin: ”Kun Raamattu ei liitä menneisiin, nykyisiin ja tuleviin asioihin muuta kuin yleisen uskon, Raamattu on [samanaikaisesti] kertomus menneistä asioista, edeltävä ilmoitus tulevista ja kuvaus nykyisistä asioista.” Augustinus, Kristillinen Opetus 3.10.15, s. 94.

Sellaisista mielipiteistä, jotka katsovat, että vaikka tosin maailma ei olisi iankaikkinen, kuitenkin maailmoja voisi olla monia, tai yksi maailma jaksoittaisesti ja lukemattomasti uudelleen syntyisi ja sammuisi, joko entisenlaisena tai aina uudenlaisena. Ja ihmissukukin maailman mukana vastaavalla tavalla syntyisi ja kuolisi.

Luku XII,12

Sitä vastoin toiset filosofit, jotka eivät arvele maailman olevan olemassa iankaikkisena, otaksuvat, että joko maailma ei ole olemassa ainoana, vaan lukemattomina, tai se tosin on olemassa ainoana, mutta tietyin pitkin aikavälein ja lukemattomasti se syntyy ja kuolee.[42] Välttämätöntä on, he tunnustavat, että ihmislaji oli olemassa aluksi ilman siittäviä ihmisiä.

Ja nämä filosofit eivät nimittäin ole sitä mieltä kuin edellä mainitut, jotka eivät arvele, että suorastaan koko maailman osaksi on tullut tuho maan tulvista ja tulipaloista, jolloin muutamat ihmiset, joista entinen väestön joukko palautettiin, pyrki aina jäämään jäljelle. [43]

Ja siten nämä nyt puheena olevatkin filosofit voivat olla sitä mieltä, että jotakin ihmisestä on säästynyt maailmaan sen tuhoutuessa, mutta niin – kuten he arvelevat – , että siten kuin itse maailma syntyy uudestaan omasta materiastaan, niin maailmaan syntyy uudestaan sen elementeistä ihmissuku, ja sen jälkeen runsaana kuolevaisista esivanhemmistaan jälkipovi kuten muidenkin elävien olentojen suku.[44]

---

[42] Kerrotaan, että *Heraclitus/Herakleitos* (esisokraattinen filosofi Efesosta n. 540–480 eKr., häneltä on: ”kaikki virtaa, eikä mikään pysy samana”, muutos on olennaista) ja stoalaiset katsoivat, että on olemassa vai yksi maailma. Vaikuttanut mm. Platoniin, Hegeliin, Nietzscheen ja marxilaisuuteen. Kts. Otavan Iso tietosanakirja.

Anaximander (n. 610–546 eKr., esisokraattinen joonialaisen luonnonfilosofian edustaja Miletosta; oletti ihmisen saaneen alkunsa mutaationa jostakin [vesi]eläimestä).

Democritus (n. 460–370 kreikkalainen esisokraattinen luonnonfilosofi Traakiasta) kehitti atomiopista järjestelmän; hän sai vaikutteita magiasta ja Kaldeasta, kerrotaan lähteissä.

Ja *Epicurus/Epikuros* (341–270, epikurolaisuuden isä, Samokselta, hän on kuuluisa lauseestaan: ”Syökäämme ja juokaamme, sillä huomenna me kuolemme”; hän on jumalanpelon torjuja ja stoalaisuuden vastustaja.
Kolme viimeksi mainittua arveli maailmoja olevan määrättömästi. Molempien ryhmien edustamia pakanallisia mielipiteitä on yhä ajassamme lukemattomasti. Vrt. Penguin Classics, St. Augustine, City of God, s.485, indd. 28 ja 29.

[43] Kts. Edellä XII,10.

[44] Tämä edellä esim. Anaximanderin mielipiteenä mainittu pakanallinen käsitys *luonnonfilosofiasta* on tunnetusti nykyisin *darvinismin perusta* ja edelleen darvinismin mukaisten tieteenteorioiden perusta, josta muut darvinismia kannattavat tieteet ja niiden mielipiteet johdetaan, tai joka perusta sisältyy niihin hypoteesina ja edellytyksenä.

Mitä tulee vastata niille, jotka syyttävät siitä, että ihminen luotiin liian myöhään.

Luku XII,13

Mutta mitä olemme vastanneet, kun selitettiin kysymystä maailman syntymisestä niille, jotka eivät tahdo uskoa maailman aina olleen olemassa, vaan uskovat sen kerran alkaneen olemassaolonsa[45] – kuten sen Platonkin erittäin selvästi tunnustaa,[46] vaikkakin muutamien taholta uskotaan Platonin olleen vastakkaista mieltä kuin mitä hän sanoo[47] – samoin saanen vastata myös ensimmäisen ihmisen luomisesta, niiden ihmisten johdosta, jotka vastaavalla tavalla ovat vaikuttuneita kysymään, miksi ihminen ei ole luotu uudestaan lukemattomina ja rajattomina aikoina, vaan hän on luotu kerran niin myöhään, kuin että pyhistä Kirjoituksista huomataan vuosia olevan vähemmän kuin viisituhatta siitä, jolloin ihminen alkoi olemassaolonsa.[48]

Jos näet aikakausien tämä lyhyys heitä kiusaa, koskapa heistä näyttävät vuodet niin vähäisiltä siitä vuodesta alkaen, josta ihminen luetaan asetetuksi olemaan auktoriteettiemme perusteella, harkitkoot sitä, ettei se vuosi ole yhtään kaukana oleva siitä pisteestä, jossa jokin asia on janassa äärimmäisenä, ja koko vuosien jana [< spatia, mittanuora, aika yms.] on rajoitettu: jos noita vajaata viittätuhatta vuotta, ja mitä tahansa vuosien rajoitettuja määriä, verrataan rajoittamattomaan iankaikkisuuteen, ei niiden aika ole arvioitava niukaksi, vaan merkitystä vailla olevaksi.[49]

Ja tämän tähden, jos sanottaisiin vuosien määrän olevan, ei viisituhatta tai kuusituhatta, vaan jopa kuusikymmentätuhatta tai kuusisataatuhatta, tai kuusikymmentäkertaisen tai kuusisataakertaisen tai kuusisataatuhatta kertaisen; tai aivan samoin, jos tämä [5000 vuoden] luku kerrottaisiin sen toisella potenssilla, johon meillä ei enää ole luvulle nimeä, jonka luvun osoittamasta hetkestä alkaen Jumala teki ihmisen olemaan, yhtäläisesti voitaisiin kysyä, miksi Hän ei tehnyt häntä aikaisemmin.[50]

---

[45] Vrt. XI, 4 ja 5.
[46] Vrt. Platon, Tim., 28 B.

[47] Uusplatonistit katsoivat, ettei Platon tarkoittanut, mitä sanoo; erityisesti Plotinos (204 –270). Hänen teoksensa julkaisi Porfyrios nimellä "Ennaidit". Kaiken olevaisuuden ikuinen lähde on *'ääretön ykseys'*, *Enos*, kr. yksi, yksikön neutri sg. **Vrt. V. Olli, Kirkkoisä Augustinuksen syntikäsitys Confessiones-teoksessa, s. 36 s.** – Vrt. Penguin Classics, St. Augustine, City of God, s 485, ind. 33.

[48] Lienee helppo kuvitella, että Adamille paratiisissa nousi mieleen kysymys: "Miksihän Jumala ei luonut tätä mukavaa jo aikaisemmin?"

[49] Tässä voinee viitata matematiikkaan laskettaessa ääriarvoilla. Johdanto aiheeseen löytyy myös esim. Otavan iso tietosanakirja, ääriarvo, ääriarvoperiaate; tai palauta mieleesi (lukio)opintosi tai kysy matematiikoilta.

[50] Lat. (alkaen edellisestä kappaleesta): ...et omnia saeculorum spatia, si aeternitati interminae comparentur ... aut itidem *per totitem totiens multiplicetur haec summa.* ...ja mitä tahansa vuosien rajoitettuja määriä, jos verrataan rajoittamattomaan iankaikkisuuteen... tai aivan samoin, jos tämä [5000 vuoden] luku kerrottaisiin sen toisella potenssilla [< *totitem totiens*, niin montaa kertaa kuin luku osoittaa = toinen potenssi]. – Joka tapauksessa lause suorasanaisesti sanoo, että jos mitä tahansa summaa, vaikka se aritmeettisella yhtälöllä osoitetaan valtavasti nollia sisältäväksi, aina siihen määrään, ettei luvulle tavallisessa kielenkäytössä ole eri nimeä, mutta kun se luku on rajattu, se jää merkityksettömäksi rajattomuuteen eli äärettömyyteen verrattaessa. – Muutoin on luku kuusisataa

Niinpä Jumalan viivyttely ihmisen luomisessa on päinvastoin sellaisen iankaikkisuuden näkökulmasta, jolla ei ole alkua, ainoastaan niin suuri, että jos siihen suuruuteen verrataan mitä tahansa mahtavaa ja lausumattoman suurta vuosien lukuisuutta, joka määrä kuitenkin rajataan määrättyyn määrään antamalla sille tietty aikarajoitus, silloin ei kyseinen viivytys ihmisen luomisen yhteydessä pidä näyttää edes sellaiselta määrältä, kuin jos vertaisimme nesteen vähäisintä pisaraa kaikkeuteen merenä; myös jos vertaisimme siihen, miten suurena valtameri virtaa pikku pisaransa ympärillä.

Sillä noista kahdesta viimeksi mainitusta vertailtavasta määrästä toinen tosin on perin vähäinen [kuin pisara], toinen vertailtavaksi mahdottoman suuri, mutta nämä molemmat ovat rajoitettuja määriä. Mutta se aikajana, joka jostakin alustaan on määrältään jatkuvasti karttuva ja jokin määrätty loppu on siihen yhteydessä, niin minkä suuruiseksi tahansa tämä jana venyy, se on verrannollinen sellaiseen, jolla ei ole alkua. En tiedä, pitäisikö ratkaista näiden kahden [määrättömän] aikajanan välinen ero minimaaliseksi, vaiko mieluummin niin, ettei mitään eroa ole.

Tämän johdosta näet [tällainen pitkä määrätty aikajana on], kuin jos sen loppuääripisteestä vähennetään yksitellen mitä lyhyimpiä tuokioita, olkoon että vähentävien kertojen lukumäärä nousee niin valtavaksi, ettei määrälle löydetä nimeä, hetkeen, jolloin tämä vähentäminen johdetaan aikajanan alkuun – kuten, jos ihmisen yksittäiset päivät vähennettäisiin siitä hetkestä, jossa hän nyt elää, aina siihen hetkeen asti, jossa hän syntyi. Mutta jos sitä vastoin vähennellään aikamääriä taakse päin aikajanassa, jolla ei ole mitään alkua, en sano vähäisiä hetkiä tai tuntien tai päivien tai kuukausien tai vuosienkaan määriä, vaan niin suuria aikajaksoja, jotka sulkevat piiriinsä tuon vuosien yhteismäärän, jota ei enää voida minkään laskijan toimesta sanoa, mikä yhteismäärä kuitenkin vähennetään pois jakso jaksolta aikajaksojen vähennyksillä; ja nämä niin valtavat aikajaksot vähennetään janasta, ei yhdellä kerralla eikä toistamiseen eikä useammin kerroin vaan jatkuvasti: mitä [näin kertoja laskien] syntyy tai mitä saavutetaan silloin, kun milloinkaan ei saavuta perille siihen alkupisteeseen, jota ylimalkaan ei lainkaan ole olemassa?

Tämän tähden, mitä siihen tulee, että me vain viidentuhannen vuoden jälkeen ja sikäli kuin siihen määrään vuosia enemmänkin ulottuu, kysymme, josko niin paljon vuosia tällainen ihmisten katoavaisuuden alaisuus syntymisessään, alueiden haltuunsa ottamisessaan ja kokemattomuudessaan on heikkona kestänyt läpi, niin vastaavalla uteliaisuudella tätä voivat kysyä myös jälkimaailmat kuudensadantuhannen[51] vuoden jälkeen. Ovat tämän kysymyksen voineet esittää myös ne, jotka ovat olleet ennen meitä, juuri ihmisen luomisen jälkeisinä hetkinä.

Vihdoin, jopa ensimmäinen ihminen luomisensa jälkeen on voinut joko seuraavana päivänä tai luomisensa päivänä kysyä, minkä tähden häntä ei aikaisemmin oltu luotu. Ja kuinka paljon tahansa aikaisemmin hän olisi luotu, eivät ihmiset siihen aikaan olisi löytäneet muunlaisia kiistan aiheita [=kysymyksen asetteluita] maailman aikakausien alusta, toisenlaisia taas tässä hetkessä tai myöhemminkään.

---

latinassa paitsi mainittu määrä, myös synekdokeeilmaisu, pars pro toto, merkitykselle lukematon, rajaton. (Streng, sexcenti).

[51] Kuten edellä indeksissä huomautettiin, luku kuusisataa on latinassa paitsi mainittu määrä, myös synekdokeeilmaisu, pars pro toto, merkitykselle lukematon, rajaton. (Streng, sexcenti).

Filosofien näkemyksestä maailman aikakausien ikuisesta uudelleen kiertämisestä, mistä he (Herakleitos,[52] *pythagoralaiset ja stoalaiset) ajattelevat, että maailman aikakausien kierto palautuu alinomaisesti samankaltaiseen asemaan ja ilmaantumiseensa.*

Luku XII,14

Tätä [ihmisen luomisen ajankohdan ratkaisemista] tämän maailman filosofit eivät ole tosin katsoneet voivansa tai tarvitsevansa ratkaista muutoin, kuin että maailman aikakausien kiertokulut aina esiintyisivät, niin että kiertokulut alati olisivat uusineet ja toistaneet samat asiat kaikkeuden luonnossa; ja siten ne yhtä päätä tulisivat säilyttämään ilman taukoa tulevien ja menneiden aikakausien kierrokset.[53]

Joko maailman ollessa olemassa pysyväisenä nämä kiertokulut tapahtuisivat, tai tietyin jaksoin nousten ja kuollen maailma aina toisi esiin samat sellaiset asiat, mitkä ovat siirtyneet pois ja ovat jälleen tuleva.

Tästä pilkkapuheestaan suoraa päätä johtuen he eivät voi vapauttaa kurjuudestaan kuolematonta sielua, vaikka sielu olisi saanut osakseen viisauden, koska se kulkee tauotta kohti petollista [päättyvää] autuuttaan ja [samalla] tauotta kohti kurjuuttaan. Kuinka näet todellinen autuus olisi olemassa, kun autuuden iankaikkisuudesta ei milloinkaan ole vakuutta, niin kauan kun sielu on saapumassa onnettomuuteensa, silloin kun sielu joko on mitä asiantuntemattomimmin tietämätön totuudesta tai mitä onnettomimmin pelkää autuutensa suhteen?

Mutta jos taas sielu ei myöhemmin ole palaava onnettomuuksiinsa, se lähtee niistä autuuteensa: silloin tapahtuu ajassa jotakin [ratkaisevaa] uutta, koskapa tällä uudella tilalla ei ole ajallista rajoitusta. Miksipä ei sama [logiikka] koskisi [uudelleen luotua] maailmaakin? Miksipä ei [samoin] ihmistäkin, maailmaan luotua?

Miten vältettäisiin – en tiedä – terveessä opissa suoran tien polulla nämä valheelliset maailmanaikojen kiertokulut, jotka on saatu tietää valheellisilta ja petollisilta filosofeilta! – Näet, tietty henkilö ja tuo asia, mikä luetaan Saarnaajaksi nimitetystä Salomonin kirjasta [lausuvat]: *Mikä se on, mikä on jo ollut olemassa? Se on juuri se, mikä tulee olemaankin. Ja mikä se on, mikä on jo tapahtunut? Se on se, mikä vastakin tulee tapahtumaan. Eikä ole mitään uutta auringon alla. Joku tulee puhumaan ja sanomaan: "Katso, tämä on uutta", jo aikakausia sitten se [kuitenkin] on ollut olemassa.*[54] – He tahtovat tämän kohdan tulevan ymmärrettäväksi sanottuna Salomonin kautta maailman aikakausien kiertokuluistansa, jotka olisivat samoihin asioihin palaavia ja kaikki asiat kutsutuita samaan uudestaan.[55]

---

[52] Herakleitos, efesolainen (n. 540–480 eKr.). Todellisuus on jatkuvaa muutosta, "kaikki virtaa" järkkymättömän, jumalallisen lain (logos) mukaan, jossa vastakohdat tasapainottavat toisiaan sotien toisiaan vastaan ("sota on kaiken olevaisen isä"). Herakleitoksella on huomattava vaikutus Platoniin, stoalaisiin, Hegeliin, Nietzscheen ja marxilaisuuteen (Otavan suuri tietosanakirja, Herakleitos). Kts. edellä XII,12 ja sen ensimmäinen alaindeksi.

[53] Esim. Platonin "Suuri vuosi", vrt. Tim. 39D; Cicero De natura deorum 2,51 f. Penguin Classics, St. Augustine, City of God, s 487, ind. 34.

[54] Saarn. 1:9–10.

[55] Myös Origineen käsitykseen Augustinus tässä viittaa, saksalaisen edition huomautuksen mukaan.

Mutta se, mitä Salomo sanoi, tai mitä hän on sanonut näistä asioista, joista hän [asiayhteydessä] edellä puhui,[56] se on: sukukunnista, joista toiset menevät mailleen toiset astuvat tilalle, auringon kiertokuluista, (ajoittain kuivuvien) vuolaiden vuorivuoksien laskuista; tai varmasti kaikkien sellaisten asioiden lajeista, jotka nousevat esiin ja kuolevat.

Ovathan näet ihmiset olleet olemassa ennen meitä, ja ovat olemassa [nyt] kanssamme, ja tulevat olemaan olemassa jälkeemme. Vastaavasti kukin elollinen olio ja puuistutukset. Jopa epäsikiötkin ovat joka tapauksessa sekä esiintyneet että vastakin niitä tulee esiintymään, ne, jotka syntyvät harvinaisina, vaikkakin ne voivat olla keskenään erilaisia, ja kerrotaan, että eräät niistä ovat vain kerran syntyneet, kuitenkin ne ovat syntyneet sen mukaisesti, mitkä yleensä ovat tavattomia ja hirviömäisiä. *Eikä ole mitään uutta auringon alla,* niin että hirviö syntyy auringon alle.

Joskin muutamat ovat nämä sanat ymmärtäneet niin, että ikään kuin Jumalan edeltätietämyksessä olisi jo tapahtunut kaikki se, minkä viisas Salomo on tahtonut tulla ymmärrettäväksi, ja siksi *ei olisi mitään uutta auringon alla.* Mutta sellainen olkoon pois oikeasta uskostamme, että uskoisimme Salomonin nämä sanat tulleen merkitsemään noita maailman aikakausien kiertokulkuja, joiden mukaisesti he arvelevat, että kierrokset siten ovat toistaneet aikakausien asiat ja ajan kuluessa tapahtuvat asiat uudelleen samoiksi, kuten esimerkiksi Ateenassa ja akatemiaksi nimitetyssä koulussaan filosofi Platon vuosisadallaan opetti näin oppilaitaan. Näin on myös paljon opetettu lukemattomien vuosisatojen aikana heistä taaksepäin, tosin pitkin, mutta kuitenkin tietyin väliajoin. Ja samainen Platon ja samainen kaupunki ja samainen koulukunta ja samaiset oppilaat ovat näin toistuneet, ja kautta lukemattomien vuosisatojen tulevat sitten toistumaan.[57]

Olkoon poissa, sanon, että me mokomia asioita uskoisimme!

Kerran, näet, *Kristus on kuollut syntiemme tähden. Mutta nousten ylös kuolleista hän ei enää toista kertaa kuole, eikä kuolema enää hallitse häntä pitempään.*[58] *Ja me ylösnousemuksemme jälkeen tulemme aina olemaan Herramme kanssa,*[59] jolle yksin sanomme sen, mihin Pyhä Henki kehottaa: *Sinä, Herra, kaitset meitä ja varjelet meidät tältä ihmissuvulta ja iankaikkisesti.*[60]

---

[56] Saarn. 1:1–8.

[57] Tässä Augustinus näkee edeltä myös aikamme darvinismin, koskapa darvinismi oleellisesti toistaa antiikin luonnonfilosofioiden pakanallisia näkemyksiä.

[58] Room. 6:9.
[59] 1 Tess. 4:17.

[60] Ps. 12:8. Lat. *tu, domine, servabis nos et custodies nos a generatione hac et in aeternum.*

Mutta arvelen heihin riittävän hyvin soveltuvan sen, mikä Psalmissa seuraa: *Jumalattomat tulevat kuljeskelemaan kehää.*[61] Ei Raamattu sano tätä siksi, että noiden luulottelemiensa aikakausien kiertokulkujen kautta heidän elämänsä olisivat palaava uudelleen, vaan koska sellainen ympyrää kiertävä on vain heidän elämänsä tie, se on: perätön oppinsa.

---

[61] Ps. 12:8. Lat. *in circuitu inpii ambulabunt.* Vastaavasti *Vulgatassa.* < Kr. (LXX) koko jae: κύκλῳ οἱ ἀσεβεῖς περιπατοῦσιν· κατὰ τὸ ὕψος σου ἐπολυώρησας τοὺς υἱοὺς τῶν ἀνθρων. Oikeastaan: *Kehässä jumalattomat kävelevät ympyrää.* Kreikan verbi *peripateoo = kävellä ympyrää*, josta tulee heidän, ao. luonnontieteitä harjoittavien filosofiensa nimitys: peripateetikot. Kerrotaan, että filosofit keskustellessaan kävelivät kehässä. Kreikan jae jatkuu: *korkeutesi mukaan sinä olet tehnyt lukuisiksi ihmisten lapset.* Vrt. seuraavassa ind. 64.

< Biblia Hebraica:
סָבִיב רְשָׁעִים יִתְהַלָּכוּן כֻּרֻם זֻלּוּת לִבְנֵי אָדָם׃

Ympäriinsä jumalattomat hyväksensä kiertelevät halpamaisuutensa ylpeyden mukaisesti, ihmislasten takia. Verbin יִתְהַלָּכוּן *kiertelevät*, juurena on kulkea-verbi (haalak), josta tässä on kyseessä refleksiivinen intensiivimuoto, joka on myös mediaalinen, siis: *kierrellä hyväksensä*, lat. *ambulare sibi.* Tätä sielun tilaa on motivoimassa halpamainen eli perusteeton ylpeys. Verbimuoto on siis akt. hitpaelin impf. mon. 3. persoona, maskuliini + n-paragogicum, joka puolestaan on loppulisäke n-konsonantilla, mikä palvellee sanan pituutta ja rytmiä ja painokkuutta, emfaattisuutta.

– Alkuteksti tarjoaa eri vivahteita käännöksille, jotka ovat vaikuttaneet perinteiseen v. 1933 Raamattuumme.

– Luther Bibel: *Denn Gottlose gehen allenthalben einher, weil Gemeinheit herrscht unter den Menschenkindern. Sillä jumalattomat kaikkialla kulkevat/menevät (juhlallisesti) eteenpäin, kun halpamaisuus vallitsee ihmislasten keskuudessa.*

– Ja vielä King James: *The wicked walk on every side, when the vilest men are exalted. Ilkeät kiertävät/sortavat joka suunnalla, kun halpamaisimmat ihmiset ovat korkeita arvossa.*

Jumala ei luonut ihmiskuntaa elämään ajassa uuden ajatuksensa mukaan eikä uuden tahtomisensa mukaan.

Luku XII,15

Mutta mitäpä kummaa siinä on, jos luonnonfilosofit erehtyneinä noihin kiertokulkuihinsa eivät ole löytäneet niiden alkua eivätkä niistä ulospääsyä? Sillä he eivät tunne sitä, mikä aloitus pani matkaan ihmislajin ja tämän kuolemanalaisuutemme, eivätkä sitä, millä päätöksellä se lopetetaan.

Koskapa kerran he eivät kykene tunkeutumaan *Jumalan [aivoitusten] korkeuteen,*[62] joka Korkeus, vaikka hän itse on iankaikkinen ja ilman alkua, aikakaudet kuitenkin ovat astuneet esiin jostakin alustaan, ja ihmisen, jota hän ei milloinkaan aikaisemmin ollut tehnyt, hän teki aikaan; ei kuitenkaan uudessa neuvossaan tai yhtäkkisesti, vaan muuttumattomassa ja iankaikkisessa aivoituksessaan.

Kukahan kykenee pääsemään jäljille tähän jäljitettäväksi mahdottomaan aivoituksen korkeuteen, ja kykenee tarkoin tutkimaan sen tutkimattomuuden, jonka mukaan Jumala loi ajallisen ihmisen aikaan muuttumattomassa tahdossaan, ennen kuin kukaan ihmisistä milloinkaan oli olemassa, ja teki yhdestä ihmisestä ihmissuvun lukuisaksi?

Koskapa juuri tuo Psalmikin,[63] kun se oli edeltä ilmoittanut ja sanonut: *Sinä, Herra, olet kaitseva meitä ja varjeleva meidät tältä sukukunnalta myös iankaikkisuuteen asti,* ja Jumala olisi lingonnut edelleen kehälleen nämä, joiden tyhmässä ja jumalattomassa opissa ei mitään kuolemasta vapautumisen ja sielun autuuden iankaikkisuutta varjella, Psalmi jatkaen välittömästi sanoo: *kehässään Jumalattomat kulkevat,* ikään kuin jumalattomalle sanottaisiin kysyen: *Mitä sinä siis uskot, mitä mieltä olet ja mitä oivallat?* Tokkopa pitää arvella, että Jumala olisi yhtäkkiä päättänyt luoda sellaisen ihmisen, jota hän ei milloinkaan sitä aikaisemmin olisi luonut varhaisemmin rajattomassa iankaikkisuudessa, Hän, jolle [vahingokseen luodessaan] ei mitään uutta voi tapahtua, ja jossa mitään muuttuvaa ei ole?

Välittömästi vastaa Psalmi juuri itselleen sanoen: *[Aivoituksesi] korkeuden mukaisesti sinä olet tehnyt lukuisiksi ihmislapset.*[64] Olkoot ihmiset, mitä mieltä vain he arvelevatkin, Psalmi sanoo, luulkoot ja väitelkööt, mitä heitä miellyttää: [kuitenkin] sen *aivoituksesi korkeuden mukaan,* mitä kukaan ihminen ei voi tietää, *sinä teit lukuisaksi ihmisten lapset.* Valtavanpa korkea tämä asia on, ja aina se on ollut olemassa. Ja ihmisen, jota tuo *Korkeus* ei milloinkaan ennen ollut tehnyt, se tahtoi aluksi tehdä olemaan jostakin ajasta alkaen, silti tahtomatta muuttaa neuvoaan ja tahtoaan.

---

[62] Vrt. 1 Kor. 2:9–10.
[63] Ps. 12:8–9.

[64] Ps. 12:9. *Secundum altitudinem tuam multiplikasti filios hominum.* Näin myös Vulgatassa käännettynä Septuagintasta. Biblia Hebraicasta käännettynä puolestaan: *cum exaltati fuerint vilissimi filiorum hominum, kun korotettuina ovat ihmislapsista alhaisimmat.* Kts. XII,14 luvun viimeisestä alaindeksistä (61) tämän kohdan tarkastelu eri kielillä.

Niin kuin Jumalan useimmat ymmärtävät olleen olemassa aina, olisiko yhtäältä uskottava, etteivät luontokappaleensakaan ole olleet puuttumatta Hänelle, joka niitä Herrana hallitsee; ja kuinka toisaalta sanottaisiin aina olemassa olleiksi sellaiset luontokappaleet, joita tehtyinä ei voida sanoa iankaikkisiksi.

Luku XII,16

Kuten tosiaankaan en uskalla sanoa, että Jumala ei joskus olisi ollut olemassa Herrana, niin vastaavasti en ole velvollinen epäilemään, ettei ihminen ollut milloinkaan ennen aikaansa olemassa, vaan että ihminen ensiksi oli olemassa luotuna tietystä hetkestään alkaen.

Mutta silloin kun ajattelen, mikä asia Herralle aina on ollut ominaista, jos luotu kappale ei aina ole ollut olemassa, todella pelkään vahvistaa jotakin mielipidettäni. Sillä juuri omaa itseäkin mietin ja muistan jälleen: *Kuka ihmisistä voi tietää Jumalan harkintaa, tai kuka on voinut keksiä, mitä Herra on tahtonut? Kuolevaisten ajattelut näet ovat pelokkaita, ja epävarmoja meidän oikeaan osuvaisuutemme. Sillä turmeltumiseen altis ruumiimme vaikeuttaa henkeämme, ja mainen majamme painaa moninaisia miettivän henkemme allensa.*[65]

Niinpä niistä asioista, joista tässä *maisessa majassani moninaisia ajattelen*, erityisesti siitä syystä *ajattelen moninaisia*, koska sitä yhtä asiaa, mikä on totta niiden monien tähden/joukossa, tai on totta enemmän kuin ne monet, en kestävästi mietiskele, ja en voi sitä löytää.

Siispä niistä asioista, joista tässä *maisessa majassani moninaisia ajattelen*, jos sanon, että aina on ollut olemassa luontokappale, jonka Herrana Jumala oli, Hän, joka aina on Herrana eikä milloinkaan ole ollut Herrana olematta, mutta sanon, että luontokappaleensa on milloin mikin yhden jos toisenkin aikajakson kuluessa, jottemme sanoisi jotakin luontokappaletta olleen yhtä iankaikkisena olemassa Luojan kanssa, minkä asian usko ja terve järkikin kieltää vääränä, tulee varoa se, että olisi mieletöntä ja totuuden valolle vierasta, jos tosin olisi aina ollut olemassa kuolevainen luontokappale aikakausien vaiheiden halki, yksi poistuvana toinen jälkeensä tulevana, mutta se *ei* olisi alkanut olemaan kuolemattomana muulloin kuin silloin, kun se tuli siihen aikakauteemme, jolloin enkelitkin luotiin. (Jos siis tuo ensimmäiseksi tehty *valkeus* oikein merkitsee heitä, tai mieluummin tuo *taivas*, josta on sanottu: *Alussa Jumala loi taivaan ja maan.*[66])

---

[65] Viis. 9:13 s. Lat. *Quis hominuim potest scire consilium Dei, aut quis poterit cogitare quid velit Dominus? Cogitationes enim mortalium timidae et incertae adinventiones nostrae. Corruptilis enim corpus adgravat animam, et deprimit terrana inhabitatio sensum multa cogitantem.* Viis. 9:13 viittaa edelleen Job. 15:8; Jes. 40:13 s., Room. 11:34, 1 Kor. 2:16. Yllä oleva sitaatti on varsin tarkoin Vulgatan mukainen, paitsi sana *adinventiones* (tässä: oikeaan *osuvaisuutemme < ad + invenio, löytää kohti);* sen tilalla Vulgatassa sana *providentia*, jonka merkitys tässä tekstiyhteydessä on lähinnä: *ennakolta älytä/arvata.*

[66] Gen. 1:1–3. Vrt. XI,9 etc.

Enkelitkään kun eivät kuitenkaan olleet olemassa ennen kuin heidät tehtiin. Varottakoon siis, että kuolevaisia uskottaisiin yhtä iankaikkisiksi kuin Luojansa, jos niiden sanotaan *aina* olleen olemassa [Herrallensa].[67]

Toisaalta, jos ehkä sanon, etteivät enkelit olleet luotuina [jossakin] ajassa, vaan nämä itsekin olivat olleet olemassa ennen kaikkia aikoja, nämä, joiden Jumala oli tuo Herra, joka ei milloinkaan ole ollut muuta kuin Herra, minulta kysytään edelleen: jos enkelit oli tehty ennen kaikkia aikoja, saattoivatko olla olemassa [vai ei] aina sellaiset olennot, jotka [kuitenkin] olivat tehtyjä?

Tässä näyttäisi, että ehkä on vastattava: millä tavalla enkelit eivät olleet olemassa, kun sitä mikä on olemassa kaikkina aikoina, sanotaan – eikä sopimattomasti –, että he ovat aina olemassa?

Siihen rajaan asti kuitenkin enkelit olivat olemassa kaikkina aikoina, sikäli kuin heidät oli tehty ennen kaikkia aikojakin, jos – yhtä kaikki – heti taivaan jälkeen taivaan kappaleiden liikkein mitattavat aikakaudet alkoivat olla olemassa, ja enkelit [silti] olivat olemassa jo ennen taivasta. Mutta sitä vastoin, jospa aikakausi ei ala heti taivaan jälkeen, vaan aikakausi on olemassa jo ennen taivastakin – ei tosin tunneissa ja päivissä ja vuosissa, sillä nämä ovat ajallisten jaksojen suureita, joita tavanmukaisesti ja varsinaisesti sanotaan aikajaksoiksi; ja on ilmiselvää, että aikajaksot alkoivat tähtien liikkeistä, mistä Jumalakin silloin, kun hän tähdet perusti, sanoi: *"... ja ne olkoot merkeiksi ja aikakausiksi sekä päivittäin että vuosittain"*[68], – vaan aikakaudet olivat alkaneet jollakin muuttumiseen mahdollisella liikkeellä, josta yksi liike menee ensin ohi, toinen sen jälkeen, siihen nähden, että ne liikkeet eivät voi olla olemassa yhdellä kertaa?

Jos näin ollen ennen taivasta enkeleille ominaisissa liikkeissä on jotakin tällaista ollut olemassa, ja siitä syystä aikaa oli olemassa jo ennen taivasta, ja enkelit siitä alkaen, josta heidät oli tehty, liikuskelivat ajallisesti, he tällä tavoinkin ovat olleet olemassa kaikkien aikojen kuluessa, koskapa kerran heidän ohellaan olivat tehdyt myös ajat.[69] – Kukapa näet sanoisi, ettei sellainen aina ole ollut olemassa, mikä kaikkien aikojen kuluessa on ollut olemassa?

Mutta jos olisin näin vastannut, minulle tullaan sanomaan: millä tavoin enkelit eivät siis ole yhtä iankaikkisia kuin Luojansa, jos hän, joka aina on ollut olemassa, on aina ollut olemassa

---

[67] Latinaksi alkaen kappaleesta, joka alkaa: Niinpä niistä asioista...: Ex his igitur, quae in hac terrena inhabitatione multa cogito – ideo utique multa, quia unum, quod ex illis vel praeter illa, quod forte non cogito, verum est, invenire non possum – si dixero *semper* fuisse creaturam, cuius Dominus essset, qui semper est Dominus nec Dominus umquam non fuit: sed nunc illam, nunc aliam per alia atque alia temporum spatia, ne aliquam Creatori coaeternam esse dicamus, quod fides ratioque sana condemnat: cavendum est, ne sit absurdum et a luce veritatis alienum mortalem quidem *per vices temporum semper* fuisse creaturam, decedentem aliam, aliam succedentem; immortalem vero *non* esse coepisse, nisi cum ad nostrum saeculum ventum est, quando et angeli creati sunt, si eos recte *lux* illa primum facta significat aut illud potius *caelum*, de quo dictum est: *in principio fecit Deus caelum et terram*, cum tamen non fuerint, antequam fierent, ne immortales, si *semper* fuisse dicantur, Deo coaeterni esse credantur.

[68] Gen. 1:14.

[69] Lat. Augustinus esittää koko tämän lauseen vaihtoehtona sinänsä ottamatta kantaa, onko tämä vaihtoehto mahdollinen, eli koko lause latinaksi on aina indikatiivissa (lat. **si** ergo ante caelum in ancelicis motibus tale aliquide **fuit** etc. Vrt. Linkomies § 95 II).

enkeleittensä hyväksi? Ja edelleen, millä tavalla on sanottava heidät tehdyiksi, jos heidät ymmärretään olleen aina olemassa? – Mitäpä tähän tulemme vastaamaan?

Vai onko sanottava heidän myöskin aina olleen olemassa, koska ovat olleet kaikkien aikakausien kuluessa olemassa ne, jotka ovat tehdyt ajan ohella, tai joiden ohella ajat ovat tehdyt, ja enkelit kuitenkin luotuina? Emme nimittäin myöskään tule kieltämään itse aikojenkin olevan luotuja, vaikkakaan kukaan ei ole kahden vaiheilla siitä, että aika on ollut olemassa kaikkien aikakausien kuluessa. Näet, jos aikaa ei ole olemassa kaikkien aikakausien kuluessa, oli olemassa aikajakso, jolloin ei ollut mitään aikaa. – Kukapa jopa typerimminkin sanoisi!

Voimme sanoa: oli aika, jolloin Roomaa ei ollut olemassa; oli aika, jolloin Jerusalem oli olemassa; oli aika, jolloin Aabraham oli olemassa [> eli maan päällä], oli aika, jolloin ihminen oli olemassa, ja jos mitä on tämän kaltaisia. Vihdoin, voimme sanoa: jos maailmaa ei ole tehty yhdessä ajan alkamisen kanssa, vaan jonkin ajanjakson jälkeen, oli olemassa aika, jolloin maailmaa ei ollut olemassa. Mutta sitä vastoin lausuessamme: *oli olemassa aika, jolloin ei ollut mitään aikaa,* sanomme näin epäjohdonmukaisesti, kuin jos joku sanoisi: oli olemassa ihminen, jolloin ei ollut lainkaan ihmistä; tai: tuo mokoma maailmamme oli olemassa silloin, jolloin maailmaa ei ollut. Jos näet yhdestä tai toisesta asiasta jotakin oikein ymmärrettäisiin, voidaan sanoa silläkin tavalla, niin kuin on tämä: *oli olemassa toinen ihminen silloin, jolloin ei olut olemassa tätä ihmistä.* Siten siis voimme sanoa oikein: oli olemassa toinen aika silloin, jolloin ei ollut olemassa tätä aikaa. Sitä vastoin: *oli olemassa aika, jolloin ei ollut olemassa mitään aikaa,* kukapa jopa typerimminkin sanoisi.

Niin kuin näin ollen sanomme ajan olevan luotua, koska ajan sanotaan aina olleen olemassa siitä syystä, että aika on ollut olemassa kaikkina aikajaksoina [alustaan alkaen]. Siten seurauksena ei ole se, että, jos enkelit ovat aina olleet olemassa, siitä syystä he eivät ole luotuja, että heidän sanotaan aina olleen olemassa sen tähden, että he ovat olleet olemassa kaikkien aikakausien kuluessa. Edelleen, enkeleiden sanotaan aina olleen olemassa kaikkien aikojen kuluessa siksi, että ilman enkeleitä itse aikakaudet eivät mitenkään ole voineet olla olemassa.

Näet, siinä, missä ei ole olemassa mitään luotua luontokappaletta, jonka vaihtelevat liikkeet toimeenpanevat ajat, aikakausia ei ylimalkaan voi olla olemassa.[70] Ja tämän tähden enkelit ovat luotuja, vaikka ne ovat aina olleet olemassa, eivätkä he – joskin he aina ovat olleet olemassa – sen tähden ole yhtä iankaikkisia kuin Luojansa,

Jumala nimittäin on aina ollut olemassa iankaikkisella muuttumattomuudella. Enkelit puolestaan ovat luotuja, mutta siitä syystä heidän sanotaan olleen aina olemassa, että he ovat olleet olemassa kaikkina aikakausina, ja ilman heitä aikakausia ei millään lailla ole voinut olla olemassa.

Aika puolestaan, koska se muuttuvaisesti rientää ohi, ei voi olla olemassa iankaikkisella muuttumattomuudella yhtä iankaikkinen iankaikkisuuden kanssa.

---

[70] Vrt. XI,6.

Ja tämän tähden, joskaan enkeleiden kuolemattomuus ei mene ohi ajan kuluessa, eikä heidän kuolemattomuutensa ole ohitse mennyttä, ikään kuin se ei enää olisi olemassa, eikä se ole tulevaista, ikään kuin se ei vielä olisi olemassa, kuitenkin enkeleiden sellaiset liikkeet, jotka tuovat ilmi aikoja, siirtyvät tulevaisuudesta menneisyyteen. Ja siksi Luojan suhteen enkelit eivät voi olla yhtä iankaikkisia: Luojan liikkeeseen nähden ei pidä sanoa joko, että se oli sellaista, mitä enää ei ole olemassa, tai se on oleva sellaista, jota vielä ei ole olemassa.[71]

Tämän tähden, jos Jumala on aina ollut olemassa Herrana, hänellä on aina ollut luomakuntansa herruuttaan palvelevana. Mutta kuitenkaan luomakuntansa ei ole olemassa Hänestä itsestään syntyneenä, vaan tyhjästä Hänen itsensä luomana. Eikä luomakunta ole yhtä iankaikkinen Luojansa kanssa. Koskapa Hän oli olemassa ennen tätä, joskaan Hän ei ole ollut minkään aikakauden kuluessa ilman sitä. Jumala näet ei ollut olemassa Herrana ennen maailmaansa aikamääränsä rientäessä ohi, vaan edeltäen maailmaansa, iankaikkisuutensa pysyessä.[72]

Mutta jos olen vastannut tämän niille, jotka kysyvät, millä tavalla Jumala on olemassa aina Luojana ja aina Herrana, jollei luomakuntansa ole aina ollut olemassa häntä palvelevana; tai, millä tavalla luomakuntansa, jos se aina on ollut olemassa, ei pikemminkin ole yhtä iankaikkinen Luojansa kanssa, pelkään, että minun pikemmin katsotaan vakuuttavan sellaista, mitä en tiedä, kun opettavan sitä, mitä tiedän.

Siispä palaan siihen näkökohtaan, minkä määrän Luojamme on tahtonut meidän tietävän. Ne asiat puolestaan, jotka Hän joko on antanut meitä viisaampien huoleksi tietää tässä elämässä, tai jotka Hän kokonaan on varannut tiedettäviksi toisessa elämässä täydellisille, tunnustan olevan minun voimieni ulkopuolella.

Sen tähden minulla ovat olleet nämä mielipiteeni ilman nyt tarkasteltavien asioiden vahvistamistani,[73] jotta näitä kirjoituksia lukevat oivaltaisivat, millaisiin kysymysten vaaroihin nähden heidän kannattaa noudattaa malttia, eikä arvella itseään kaikkeen kelvolliseksi, vaan mieluummin ymmärtäkööt, kuinka suuresti apostoli on etukäteen terveellisesti opettamassa maltin noudattamiseen siinä kohdassa, jossa hän sanoo: *Mutta sanon sen Jumalan armon kautta, mikä minulle on annettu, teille jokaiselle keskuudessanne, ettei tule olla viisaampi kuin on tarpeen olla viisas, vaan olla viisas kohtuuden mukaisesti, niin kuin Jumala itse kullekin on viisauttaan jakanut [häneen oikein] uskomisen mitan mukaisesti.*[74]

---

[71] Niinpä, kuten jo edelläkin on mainittu, Augustinus sanoo, että Raamattu, jossa Jumalan Henki liikkuu sanassaan, on yhtä aikaa menneisyyden, nykyisyyden ja tulevaisuuden kuvaus. Hän ilmaisee asian näin: ”Raamattu ei liitä menneisiin, tuleviin ja nykyisiin tapahtumiin muuta kuin yleisen uskon. Se on kertomus menneistä asioista, edeltävä ilmoitus tulevista, ja kuvaus nykyisistä.” Kristillinen Opetus, 3.10.15.

[72] Tätä samaa asiaa Augustinus selittää myös Conf. 11:13–16, qv.

[73] Augustinus palaa näin tämän luvun johdantoon, jossa hän sanoo: Mutta silloin kun ajattelen, mikä asia Herralle aina on ollut ominaista, jos luotu kappale ei aina ole ollut olemassa, todella pelkään vahvistaa jotakin mielipidettäni.

[74] Room. 12:3. Lat. *Dico autem per cratiam Dei, quae data est mihi, omnibus qui sunt in vobis, non sapere plus quam oportere, sed sapere ad temperantiam, unicuique sicut Deus partitus est mensuram fidei.*
Sitaatti on varsin Vulgatan mukainen, joka puolestaan kuuluu: *Dico autem per cratiam Dei, quae data est mihi, omnibus qui sunt inter vos, non sapere plus quam oportet sapere, sed sapere ad sobrietatem, unicuique sicut Deus divisit mensuram fidei.* Tämä lukutapa ei mitenkään muuta yllä olevaa suomennosta.

Jos nimittäin pienokaista kehitettäisiin tämän voimien mukaisesti, tapahtuu, että hän tulee käsittämään asioita yhä enemmän. Mutta jos hän ylittää voimansa, hän tulee kykenemättömäksi ennen kuin kasvaa enempää käsittämään.

Kuinka on ymmärrettävissä Jumalan lupaus ihmiselle iankaikkisesta elämästä ennen kuin oli olemassa iankaikkista elämää.

Luku XII,17

Mitkä aikakaudet olivat olemassa, ennen kuin ihmislaji perustettiin, tunnustan, etten sitä tiedä. En kuitenkaan epäile, että ylimalkaan ei mitään luotua ole ollut olemassa yhtä iankaikkisena Luojansa kanssa.

Apostolikin sanoo aikoja iankaikkisiksi, eikä sano niitä tulevina – vaan mikä on enemmän ihmeellistä – menneinä. Näin hän nimittäin sanoo: *[Paavali, Kristuksen Jeesuksen apostoli yhdenmukaisesti Jumalan valittujen uskon ja sen totuuden tuntemisen kanssa, mikä on jumalisuuden mukainen,]* ***iankaikkisen elämän toivoa varten, minkä elämän Jumala, joka ei valehtele, on luvannut ennen iankaikkisia aikoja, mutta hän on tehnyt selväksi sanansa aikanansa*** *[saarnassa, joka on minulle annettu yhdenmukaisesti Vapahtajamme, meidän Jumalamme, käskyn kanssa.]*[75]

Katso, apostoli sanoi, taakse päin sitä, että ovat olleet olemassa iankaikkiset ajat, jotka tosin eivät olleet yhtä iankaikkisia kuin Jumala, koskapa kerran Jumala ei ainoastaan ollut olemassa ennen iankaikkisia aikoja, vaan myös lupasi sellaisen iankaikkisen elämän, jonka hän on tehnyt selväksi aikanansa – se on, siihen soveliaina aikoina: mitä muuta hän lupasi tehdä selväksi kuin sanansa. *Se* näet on iankaikkinen elämä.

Edelleen, millä tavalla Jumala lupasi, kun joka tapauksessa hän lupasi sen ihmisille, joita ennen iankaikkisia aikoja ei vielä ollut olemassa, paitsi niin, että iankaikkisuudessaan ja juuri sanassansa itsensä kanssa yhtä iankaikkisessa edeltämääräämyksessään oli jo vahvistettuna se, mikä tuli olemaan olemassa aikanaan.

---

[75] Tiit. 1:2 s. Lat: *[1. Paulus servus Dei apostolus autem Iesu Christi secundum fidem electorum Dei et agnitionem veritatis quae secundum pietatem est]*
2. ***in spem vitae aeternae quam promisit qui non mentitur Deus ante tempora saecularia***
3. manifestavit autem temporibus suis verbum suum *[in praedicatione quae credita est mihi secundum praeceptum salvatoris nostri Dei].*
< Kr. *1. Παῦλος δοῦλος θεοῦ, ἀπόστολος δὲ Ἰησοῦ Χριστοῦ κατὰ πίστιν ἐκλεκτῶν θεοῦ καὶ ἐπίγνωσιν ἀληθείας τῆς κατ᾽ εὐσέβειαν*
2. ἐπ᾽ ἐλπίδι ζωῆς αἰωνίου, ἣν ἐπηγγείλατο ὁ ἀψευδὴς θεὸς πρὸ χρόνων αἰωνίων,
3. ἐφανέρωσεν δὲ καιροῖς ἰδίοις τὸν λόγον αὐτοῦ ἐν κηρύγματι, *ὃ ἐπιστεύθην ἐγὼ κατ᾽ ἐπιταγὴν τοῦ σωτῆρος ἡμῶν θεοῦ.*

– Augustinus lainaa edellä vahvistettuna olevan Vulgatan kohdan muodossa: ***in spem vitae aeternae quam promisit qui non mendax Deus ante tempora aeternae; 3. manifestavit autem temporibus suis verbum suum. in spem vitae aeternae quam promisit qui non mentitur Deus ante tempora saecularia; 3. manifestavit autem temporibus suis verbum suum.*** – Nämä lukutapaerot eivät vaikuta yllä olevaan suomennokseen.

– Kohta *ennen iankaikkisia aikoja* kuuluu kreikaksi, kuten yllä on mainittu ***πρὸ χρόνων αἰωνίων.*** Tässä prepostio *pro* + genetiivi = ennen jotakin aikaa (Gyllenberg, pro 2a) sanotaan vastaavasti kuin esim. Joh. 17:24, *ennen maailman perustamista.*

Mitä terve usko ja ilmiselvät järkisyyt sanovat niitä johtopäätöksiä vastaan, joiden mukaan Jumalan iankaikkisuudessa alkunsa saaneet teot palautuvat yhä uudestaan varioituvina kiertokulkuina.

Luku XII,18

Sitäkään asiaa en epäile, että ennen kuin ensimmäinen ihminen oli luotu, ei milloinkaan ketään ihmistä ollut olemassa. Eikä ihminen ole ollut palautettuna takaisin – en tiedä millaisilla kiertoliikkeillä ja kuinka monta kertaa[76] –; eikä myöskään ole olemassa toista luonnoltaan samanlaista.

Eikä minua tästä luottamuksestani järkytä pois filosofien argumentit, joista terävimpänä pidetään sitä, että he sanovat, ettei mitään rajatonta asiaa voitaisi käsittää minkään tiedon (scientia) avulla.[77]

Ja tämän tähden he sanovat (>myöntävät), että Jumalalla on tykönään kaikkien määrittämiseen kuuluvien, tekemiensä asioiden kaikki loogiset määritykset.[78] Mutta olisi uskottava, ettei Jumalan hyvyys olisi milloinkaan ollut toimettomana, jottei olisi (>ajateltaisi) sellaista Hänen ajallista työtään, jota ennen olisi ollut sellainen Jumalan toimettomana oleminen, niin että Jumala ikään kuin oli katunut alkuperäistä, ilman alkua ollutta toimettomuuttaan, ja siitä syystä ryhtyi työnsä aloittamiseen.

Ja tältä pohjalta he sanovat, että on välttämätöntä, että samat asiat aina tulevat toistetuiksi ja että samat toistettavat asiat aina soutavat ohitse. Tämä [tapahtuu] joko niin, että maailma pysyy alallaan muuttumattomasti, vaikkakaan maailma ei milloinkaan olisi ollut olematta (= on aina ollut olemassa), ja kuitenkin se on tehty ilman aikojen alkua. Tai [tämä tapahtuisi] niin, että maailman ilmestyminen ja häviäminen olisivat olleet aina toistetut ja toistettavat noissa kiertokuluissaan. Jottei nimittäin, jos sanotaan, että Jumalan työt ovat joskus ensi kertaa aloitetut, tuomittaisi hänen ensimmäistä ilman alkua ollutta toimettomana oloaan ikään kuin tarmottomana ja hedelmättömänä ja siten Jumalalle vastenmielisenä, ja Hänen tämän tähden muuttaneen sellaisen olemisensa.

Mutta varsinkin jos Jumalan työt olisivat aina olleet aikaan sidottuja, mutta Jumala työssään olevana piti esillä ajassa yhtä ja toista työtään, ja niin Hän kerran olisi saapunut perille ihmisenkin tekemiseen, jota hän ei milloinkaan aikaisemmin ollut tehnyt – ei yhdenmukaisesti tietonsa kanssa, jonka mukaan he arvelevat mahdottomaksi kenenkään käsittää rajattomia asioita, vaan – Jumala saapui ikään kuin hetkeen, niin kuin jokin aina tuli mieleensä, näyttäisi heistä, että Jumala on umpimähkäisesti ja epäjohdonmukaisesti tehnyt ne, mitä hän on tehnyt.

Edelleen, he sanovat, että jos sallitaan [Jumalan tekoina] kiertokulut, nämä toistavat samoja

---

[76] Vrt. edellä XII,14.

[77] Vrt. Aristoteles, Met. 14. Kts. XII,19.

[78] Senhän todella uskommekin pyhän uskomme perusteella, että Jumala ja Kristus ovat kaikkitietäviä (Athanasiuksen uskontunnustus, Kol. 2:3, Room. 1:20 etc.).

aikaan sidottuja asioita, joko maailman pysyessä, tai maailman itsensäkin sovittaessa kiertämiseen mahdolliset ilmestymisensä ja katoamisensa samoihin kiertokulkuihinsa, eikä näin Jumalalle lueta tarmotonta toimettomana olemista, varsinkaan niin kauan kestävän pitkällisyyden toimettomana olemista, millä ei ole alkua; ei myöskään töittensä ennalta tietymätöntä sattumanvaraisuutta. Koskapa kerran, jos ei tekoja toisteta juuri samoina, ei voida ymmärtää määrittämättömän variaation perusteella mitään Jumalan tietoa tai hänen edeltätietämistään.[79]

Näitä uskomme pitäisi pilkata, argumentteja, joilla jumalattomat – jollei järkiperuste kykenisi niitä kumoamaan – koettavat ohjata yksinkertaisen kunnollisuutemme pois oikealta tieltä, vaellellaksemme heidän kanssaan kiertokuluissaan.

Tähän [uskoomme] tulee lisäksi se, että Herramme Jumalan avulla ilmiselvä järkiperuste hajottaa nämä kierroksiaan tekevät kiertokulkunsa, jotka heidän mielipiteensä on keksinyt.

Mielipiteensä johdosta he erehtyvät mitä suurimmassa määrin, niin että he mieluummin tahtovat vaeltaa valheellisissa kiertokuluissaan kuin kulkea todellisella ja oikealla tiellä, sen tähden, että he arvostelevat omalla muuttuvaisella ja kapea-alaisella inhimillisellä olotilallaan Jumalan täysin muuttumatonta ajatustapaa, olkoot Jumalan ajatustapa kuinka tahansakin määrittämättömän laaja-alainen ja ilman harkinnan vaihteluita kaikki lukemattomat asiat piiriinsä sulkeva.

Ja näin tapahtuu se, minkä apostoli sanoo: *He eivät käsitä, kun nimittäin vertaavat juuri itseänsä itsensä hyväksi omalla itsellänsä.*[80] Koskapa, kun heille tulee mieleen jotakin uutta tehtävää, he toimittavat sen uudessa harkinnassaan, sillä muuttuvaiset mielet hautovat uuden harkinnan povessaan. Todellakaan he eivät pidä mielessään Jumalaa, jota he eivät kykene ajattelemaan, vaan ajattelevat omaa itseään itsensä mukaan ja hyväksi, Jumalan [neuvon] asemesta. He eivät vertaile Jumalaa, vaan omaa itseään, eivätkä Jumalaan, vaan itseensä.

Mutta meikäläisille ei ole sallittua uskoa, että Jumala tulee saatetuksi yhteen tahtonsa tilaan silloin, kun hän on toiminnasta vapaa, toiseen taas silloin, kun hän on toiminnassa. Sillä ei pidä sanoa Jumalan joutuneen vaikutetuksi (< affici, tulleen vaikutetuksi) ikään kuin hänen luonnossaan (natura) tapahtuisi jotakin sellaista, mitä siinä aikaisemmin ei ollut. Antaa myöten näet se, joka tulee vaikutetuksi; ja kaikki se on muuttuvaista, mikä jollekin antaa myöten.

---

[79] Kuinka ihailtavan ovelasti ja myrkyllisesti luonnonfilosofit taistelevatkaan sitä Jumalan tuntemista vastaan, mikä saadaan hänen tekojensa perusteella! Vrt. Room. 1:20. Kristuskin sen myöntää, ja vrt. Luuk. 16:8.

[80] 2 Kor. 10:12. Lat. *conparentes enim met ipsos sibi met ipsis non intelligunt.* < Vulgata: *[non enim audemus inserere aut conparare nos quibusdam qui se ipsos commendant, sed] ipsi in nobis nosmet ipsos metientes et conparantes nosmet ipsos nobis. – [Emme näet rohkene lukeutua tai verrata itseämme eräisiin, jotka itseänsä suosittelevat, mutta:] "he itse mittaavat itsemme perusteella juuri omaa itseämme, ja vertaavat omaa itseämme itsellämme".* < Kr. [Οὐ γὰρ τολμῶμεν ἐγκρῖναι ἢ συγκρῖναι ἑαυτούς τισιν τῶν ἑαυτοὺς συνιστανόντων, ἀλλὰ] αὐτοὶ ἐν ἑαυτοῖς ἑαυτοὺς μετροῦντες καὶ συγκρίνοντες ἑαυτοὺς ἑαυτοῖς οὐ συνιᾶσιν. – *Emme näet rohkene lukea itseämme joukkoon tai verrata itseämme eräisiin itseään suosittelevaisiin, mutta jotka eivät ymmärrä: he mittaavat (> arvostelevat) itseään itsensä perusteella ja vertaavat itseään itsellänsä.* – Huolimatta klassisten alkutekstien pienistä lukutavan vivahde-eroista oleellista siis on, että ymmärtämättömät käyttävät mittanaan itseään, ja edelleen, muuttuvia inhimillisiä asioita.

Älkööt siis oltako sitä mieltä, että Jumalan toimesta vapaana olemisessa on kyseessä tarmoton joutilaisuus, kuten ei myös hänen työssäänkään ole kyse vaivannäkö ponnistuksen tarmokkuudella. Jumala osaa leväten toimia ja toimien levätä. Hän voi yhdistää uuteen työhönsä – ei uutta, vaan – iankaikkisen harkintansa.

Eikä Hän, koska aluksi hidasteli, katumalla ole alkanut tehdä sitä, mitä ennen ei ollut tehnyt. Vaan, jos vaikka aluksi hidasteli ja myöhemmin oli toiminnassa – en tiedä, millä tavoin ihminen voi tämän ymmärtää –, sitä en lainkaan epäile, että sanotaan: *ensin* ja *myöhemmin*: *ensin* asioihin nähden, joita vielä ei ole olemassa, ja *myöhemmin* asioihin nähden, jotka ovat olemassa.

Mutta itsessään Jumala ei muuttanut yhtä, edeltävää tahtoansa toisella, sitä seuranneella tahdolla, tai ei Hän edistänyt tahtoansa. Vaan hän yhdellä ja samalla iankaikkisella ja muuttumattomalla tahdollaan toimitti luomansa asiat, sekä ne, jotka *ensin* eivät olleet olemassa, niin kauan kuin niitä ei ollut olemassa, että ne asiat, jotka *myöhemmin* olivat olemassa, silloin kun ne alkoivat olemassaolonsa.

Tästä tosiasiasta niille, jotka voivat tällaisia asioita huomata, Hän ihmeteltävästi ehkä osoittaa sen asian autuudestaan, kuinka Jumala ei ollut luomiensa asioiden puutteessa, vaan Hän loi nämä ilmaiseksi hyvyydestään, kun Jumala ilman luomistöitään iankaikkisuudesta alkaen, luomisensa aloituksen vielä puuttuessa, oli pysynyt ei lainkaan pienemmässä autuudessaan.

Lisäopetus niitä vastaan, jotka puolestaan opettavat, ettei luonnossa olevan tiedon eli informaation perusteella voida tehdä johtopäätöksiä sen Luojasta, joka on ääretön. Augustinus sanoo, että ***tieteeseen sisältyy ja kuuluu vain se, minkä se kykenee tiedoksi määrittämään****.*

Luku XII,19

Edelleen tuosta toisesta asiasta, josta filosofit sanovat, ettei voida käsittää Jumalan tietoa, joka on ääretön:[81] heiltä puuttuu enää vain se, että uskaltaisivat sanoa, että Jumala ei tuntisi kaikkia lukuarvoja – ja sanoa tämä vieläpä niin, että upottaisivat itsensä jumalattomuutensa pohjattomaan kuiluun.

Mitä varminta on, että lukuarvojen joukko on määrätön. Sillä jos arvelisit tehdä minkä tahansa lukuarvon kohdassa se ääriarvoksi, niin en sano vain, että luku yksi sitä kasvattaisi, vaan olipa se miten suuri tahansa ja sisälsipä tuo lukuarvo kuinka hyvänsä valtavan suuruuden, numeroidensa laskemisen ja tiedon perusteella voidaan se – ei ainoastaan tuplata, vaan – myös moninkertaistaa [kertomalla se tai korottamalla potensseihin].

Sitä vastoin, sillä tavalla kukin lukuarvo rajataan omiin ominaisuuksiinsa nähden, ettei mikään lukuarvo voi olla millekään muulle lukuarvolle saman arvoinen. Niinpä lukuarvot keskenään ovat eriarvoisia ja toisistaan poikkeavia, ja kukin yksittäinen lukuarvo on määrätty, mutta kaikkien lukuarvojen yhteismäärä on määrätön.

Niinpä, eikö Jumala tiedä tuota rajatonta lukumäärää rajattomuutensa tähden, ja siihen asti kuin Jumalan tietämys saavuttaa numeroiden tietyn arvon, hän olisi tietämättä muita, sen ylittäviä arvoja? Kuka niin sanoisi, mitä mielettömimmin? – Eivätkä nuo filosofitkaan ole rohjenneet pitää vähämerkityksisinä lukuarvoja ja sanoa, etteivät ne sisältyisi Jumalan tietämykseen. Heidän joukossaan Platon sulkee suosioomme voimakkaalla lausunnollaan sen, että Jumala on rakentanut maailmankaikkeuden numeroiden mukaan.[82] Ja meidän keskuudessamme luetaan, että Jumala on sanonut: *Kaiken Jumala on järjestänyt mitan, luvun ja painon mukaan.*[83] Tästä asiasta profeetta sanoo: *Hän tuo esiin maailmankaikkeuden suurilukuisesti.*[84] Ja Vapahtajamme sanoo Evankeliumissa: *Teidän hiuksennekin ovat luetut.*[85]

Pois siis se, että epäilisimme, että Jumala on tietoinen jokaisesta lukuarvosta, *Hän, jonka ymmärrykselle, kuten Psalmi sanoo, ei ole lukuarvoa.*[86]

---

[81] Kts. edellä XII,18, luvun neljäs indeksi (=79).

[82] Vrt. Platon, Tim. 35 s.
[83] Viis. 11:20.

[84] Jes. 40:26. Lat. *qui profert numerose saeculum*. Vulgata: *qui educit in numero militiam eorum, joka tuo esiin luvun perusteella luomiensa asioiden sotajoukon > palveluksen.* < LXX: ὁ ἐκφέρων κατὰ ἀριθμὸν τὸν κόσμον αὐτοῦ [πάντας ἐπ’ ὀνόματι καλέσει],·*hän, joka tuo esiin maailmansa lukumääränsä mukaan, [kutsuu kaikki luotunsa nimeltänsä].* – Kreikan sana *lukumäärä*, *arithmos*, juontaa verbistä *laskea*, *arithmein*, josta tulee kieleemme sana aritmetiikka.

[85] Matt. 10:30.

[86] Ps. 147:5 cuius intelligentiae non est numerus. (Vugatassa, 146:5, cuius sapientiae/prudentiae…) synonyymejä.

Niinpä numeroiden määrä on rajaton; ja vaikka määrättömien numeroiden määrälle ei ole mitään määrää, se ei kuitenkaan ole käsittämätön määrä Hänelle, jonka käsityskyvyllä[kään] ei ole mitään rajaa.

Tämän tähden, jos mitä tahansa ymmärretään tieteen avulla, tieteen hankkima ymmärrys määrittää sen.

Tästä oikeastaan seuraa, että jollakin lausumattomalla tavalla jokainen määrätön asia on Jumalalle määrätty, koska **itse tieteelle ei kuulu ja ole ominaista se, mikä on käsittämätön.**[87]

Mistä syystä siis, jos numeroiden rajattomuus ei voi olla määrittämätön Jumalan tiedolle, joka sen ymmärtää, me, jotka lopultakin olemme pieniä ihmisiä, pyrkisimme edeltäpäin otaksuen naulaamaan kiinni käsityskantamme Jumalan tiedon rajalinjoista sanoen, että, jolleivat aikojen samat kiertokulut toista samoja ajallisia asioita, Jumala ei voi kaikkea, mitä hän tekee, joko edeltä tietää tehdäkseen, tai tietää, kun hän oli tehnyt?

Jumalan viisaus, yksinkertaisesti monipuolisena ja yhden muodon omaavasti monet muodot omaavana, ymmärtää siihen määrin käsittämättömällä käsityskyvyllään kaikki käsittämättömät asiat, jotta jos hän aina tahtoisi tehdä mitä tahansa uusia ja edeltäviin asioihin nähden erilaisia niitä seuraavia asioita, hänellä ei voisi olla mitään järjestykseensä sopimattomia ja edeltä arvaamattomia asioita. Eikä Jumala edeltä näkisi asioita viimeksi kuluneiden aikojen perusteella, vaan Jumalan viisaus sisältäisi ne iankaikkisella edeltätietämisellään.

---

[87] Lat. quia scientiae ipsius inconprehensibilis non est. – Koska siis, kuten edellä sanottiin, Jumala tietää kaiken ja on kaiken rakentanut luvun ja numeroiden mukaan, seuraa, että sitä mitä tiede ei ole saavuttanut ja määrittänyt tiedoksi, on vain vai Jumalalle määrättyä eli määritettyä asiaa.

Raamatun käsite "iankaikkisista iankaikkisiin" (saecula saeculorum) ei sisällä iankaikkisten aikojen toistamista samanlaisina, jollaiset toistamiset pyhien autuuden päättymättömyys kumoaa.

Luku XII,20

Tällaisesta sanotusta Jumalan toiminnasta, – tekeekö Hän näin, ja *yhtämittainen yhdistäminen liittää itseensä Jumalan teot,* jotta niitä nimitetään *iankaikkisiksi iankaikkisuuksiksi (saecula saeculorum),* kuitenkin niin, että Jumalan teoista mitkä mitenkin rientävät esiin järjestettyinä erilaisuudessaan, erilaisuudessa ainakin niiden hyväksi, jotka vapautetaan heidän kurjuuksistaan heidän kuolemattomaan ja ilman päättymistä kestävään autuuteensa; vai sanotaanko *iankaikkisuuksien iankaikkisuudet* siksi, että *iankaikkisuudet* (*saecula*) ymmärrettäisiin Jumalan viisaudessa *järkkymättömiksi,* ikään kuin *iankaikkisuuksien* (*saeculorum*) vaikutuksina, iankaikkisten asioiden kestävyyden pysymisen tähden, silloin kuin ne menevät ajallisesti ohitse – näitä en tohdi sanoa määrityksinä.

Ehkäpä näet voitaisiin sanoa *iankaikkisuudeksi (saeculum)* sitä, mitä *iankaikkisuudet (saecula)* ovat, niin ettei mitään muuta esitettäisi *iankaikkisuuden iankaikkisuutena (saeculum saeculi)* kuin *iankaikkisuuksien iankaikkisuuksia (saecula saeculorum),* kuten vastaavasti ei sanota *taivaan taivaaksi (caelum caeli)* mitään muuta kuin *taivaiden taivaita (caeli*[88] *caelorum)*. Näet, ***taivaaksi*** (***caelum***) Jumala nimitti sitä *taivaanvahvuutta*, joka on *vesien yläpuolella.*[89] Ja silti Psalmi sanoo: *Ja vedet, jotka ovat* ***taivaitten (caelos)*** *yläpuolella, ylistäkööt Herran nimeä.*[90]

Mitä siis on osoituksena näiden kahden esitetyn vaihtoehdon taholta, vai voitaisiinko näiden kahden lisäksi ymmärtää jotakin muutakin ilmauksesta *iankaikkisten iankaikkiset (saeculis saeculorum)*, on mitä syvällisin kysymys, eikä se haittaa sitä asiaa, mitä nyt ajamme takaa, vaikka tämä kysymys siirretään toistaiseksi tutkimattomana käsittelystä.

Joko me kykenemme jotakin tästä kysymyksestä määrittämään, tai sitten juuri tarkempi sen käsittely saa meidät varovaisemmiksi, jottemme kovin suuressa asioiden hämäryydessä uskaltaisi umpimähkäisesti jotakin vahvistaa. Mutta nyt keskustelemme sitä mielipidettä vastaan, jolla nuo filosofit liittävät maailmoihinsa kiertokulut, joitten perusteella arvellaan, että on välttämätöntä, että samat asiat aina toistuvat määräjaksoissa. Mutta mitä tahansa on totta noiden Raamatun lauseiden ilmauksesta *iankaikkisten iankaikkiset (saecula saeculorum),* noihin kiertokulkuihin ei säiettäkään siitä totuudesta sisälly.

---

[88] *Caeli*-muoto, on tässä mask. pl. nom. muodosta caelus -i, mask.

[89] Gen. 1:7–8. Kahdeksas jae kuuluu Vulgatassa: *vocavitque Deus firmamentum caelum et factum est vespere et mane dies secundus, Jumala kutsui taivaanvahvuuden taivaaksi…*

[90] Ps. 148:4. Lat. *et aquae, quae super cael**os**, laudent nomen Domini*. Vastaavasti Vulgatassakin LXX:stä käännettynä: *Laudate eum [caeli caelorum] et aqua, quae super cael**os** sunt*. < LXX: αἰνεῖτε αὐτόν, οἱ οὐρανοὶ τῶν οὐρανῶν καὶ τὸ ὕδωρ τὸ ὑπεράνω τῶν οὐραν**ῶν**. – Hebreassa *taivas/taivaat* (**שָׁמָיִם**) on aina pluraalimuotoinen, plurale tantum, sana *taivaanvahvuus* (Gen. 1:7, הָרָקִיעַ) sen sijaan on yksikössä. Gen. 1:7–8:
7. וַיַּעַשׂ אֱלֹהִים אֶת־הָרָקִיעַ וַיַּבְדֵּל בֵּין הַמַּיִם אֲשֶׁר מִתַּחַת לָרָקִיעַ וּבֵין הַמַּיִם אֲשֶׁר מֵעַל לָרָקִיעַ וַיְהִי־כֵן׃
8 וַיִּקְרָא אֱלֹהִים לָרָקִיעַ שָׁמָיִם וַיְהִי־עֶרֶב וַיְהִי־בֹקֶר יוֹם שֵׁנִי׃ (Katso suomennos Kirkkoraamatusta.)

Koskapa joko *iankaikkisten iankaikkiset* ovat *erilaisten* aikojen toistamista, mutta yhdestä ajasta toiseen mitä järjestetyimmän yhdistämisen esiin tuomina, vapautettujen [luotujen] autuuden säilyessä mitä varmimmin ilman mitään kiertokulkua uudelleen surkeuksiin; tai sitten *iankaikkisten iankaikkiset* ovat ikään kuin ajallisten, [käsitteelle] alistettujen aikojen hallintaa.[91] Noilla kiertokuluilla ei uudelleen lennähtävinä samoina aikoina (eadem revolantes) ole tässä käsitteessä sijaa, ne kiertokulut pyhien iankaikkinen elämä tekee täysin tyhjäksi.

[91] Vrt. Snl. 8:23, Jes. 40:28; Ef. 3:21; Room. 16:27, etc., etc. Tässä luvussa esillä oleva käsite *iankaikkisten iankaikkiset* esiintyy Raamatussa lukuisasti, n. 50 kertaa, myös rinnakkaisissa muodoissa.

Niiden jumalattomuudesta, jotka liittävät ylimmästä autuudesta osalliset sielut uudelleen ja uudelleen aikajaksojen kiertokulkujen nimissä osallisiksi entisiin surkeuksiinsa ja vaivoihinsa niihin palautuneina.

Luku XII,21

Näiden pyhien kriittiset ratkaisut[92] todellakin tuokoot niin monin onnettomuuksin päähänsä kuljetun *elämän* jälkeen – jos nyt sellaista elämäksi on sanottava, mikä mieluummin on niin raskasta *kuolemaa*, että sitä kuolemaa, joka tästä vapauttaa, pelätään *tämän "kuoleman"* rakastamisen tähden – *elämänsä Jumalan näkemiseen*, niin suurten pahuuksien ja monien ja kammottavien asioiden jälkeen. Nämä pahuudet kerran sitten oikean uskonnon ja viisauden kautta ovat sovitettuja ja päätettyjä. Niin elämä saapuu perille Jumalan näkemiseen.

Ja näin pyhä ihminen on tullut autuaaksi aineettoman valkeuden tutkiskelusta, Hänen kuolemattomuutensa muuttumattomassa osallisuudessa, minkä saavuttamisen rakkaudesta hehkumme, niin että kerran, milloin välttämätöntä olisi, jätämme elämämme, ja nekin, jotka jättävät Jumalan.

He ovat ajautuneet pois tästä iankaikkisen totuuden mukaisesta onnesta, manalan kuolevaisuuteen, häpeälliseen tyhmyyteen, kietoutuneina liian kirotulla tavalla viheliäisyyksiinsä, missä Jumala hylätään, missä kohdellaan totuutta vihamielisesti, missä autuutta kaivataan epäpuhtaissa turhanaikaisuuksissa. Ja tämä [meno] olisi heidän mielestään tapahtunut ja tapahtuva yhä aina samalla ja samalla tavalla, ilman mitään ensimmäisten tai viimeisten aikojen rajaa, tietyin maailman aikajaksojen välein ja mittaamisin.

Ja tämä [mielipiteensä heillä on], jotta heidän suorituksensa voisivat olla Jumalalle tunnetut aina määrättyjen, ohitse menevien ja uudelleen palaavien kiertokulkujen tähden. Nämä kiertokulut tapahtuisivat valheellisten autuuksiemme ja todellisten kurjuuksiemme läpi, tosin vuorotellen, mutta iankaikkisina niiden kiertoonsa madollisen palautumisen tähden. Koska yhtäältä kiertokulut eivät lakkaa tekemästä palautumistaan, eikä toisaalta tietämisen avulla voitaisi päästä sellaisten asioiden jäljille, jotka ovat rajattomia.

Kuka voisi tällaista kuulla? Kuka uskoisi? Kuka sietäisi?

Nämä, jos totta olisivat, ymmärtäväisempää ei ainoastaan olisi olla näistä vaiti, vaan myös – jotta jollakin lailla kykenisin sanomaan sen, mitä tahdon – oppineempaa olisi olla näitä tietämättä. [93]

Näet, jos noita tekojamme siellä [taivaassa] emme ole pitävä muistissamme, ja siitä syystä tulemme olemaan autuaita, miksi enää kartellaan viheliäisyyksiämme täällä niiden tietämisen vuoksi? Mutta jos välttämättä siellä olemme ne tiedostavaisia, täällä emme tiedä ainakaan sitä, että täällä onnellisempaa on ylimmän autuuden odottaminen, kuin siellä sen saavuttaminen, kun

---

[92] Lat. *aures*, korvat, metaforana *kriittiset ratkaisut* < kallistaa korvansa eli kuunnella tarkasti.

[93] Tässä Augustinus käyttää tyylikeinonaan oxymoronia, jossa toisilleen vastakkaisilla käsitteillä (tässä oppineempi – tietämätön) pakotetaan ajattelemaan esitettyjen väitteiden mahdottomuutta. Vrt. Augustinus, Kristillinen Opetus, s. 189, kohta 10, vastakohta, antiteesi, jossa oxymoron malliesimerkkeineen.

täällä odotetaan iankaikkista elämää ajallista seuraavana, siellä taas [nautitaan] elämää autuaana, mutta ei iankaikkisena, koska siis se tiedetään menetettäväksi.

Mutta, jos he sanovat, ettei kukaan voi saapua tuohon autuuteen, jollei hän ole tietoinen tämän elämän opetuksen perusteella näistä kiertokuluista, joissa autuus ja kurjuus vuorottain vaihtelevat, millä tavoin he niin ollen näyttävät, että mitä enemmän itse kukin on rakastanut Jumalaa, sitä helpommin hän on saapuva perille autuuteensa, nämä ihmiset, jotka opettavat sellaisia asioita, joista juuri rakkaus Jumalaa kohtaan lamaantuu? Sillä, kukapa ei veltommasti ja laimeammasti rakastaisi Jumalaa, jonka hän ajattelee välttämättä kerran jätettäväksi, ja jonka totuutta ja viisautta vastaan hän on kerran huomaava olevansa; ja tämä [tapahtuisi sitten], kun hän olisi saapunut perille, käsityskykynsä ollessa erinomaisena, [menetettävän] autuutensa täydelliseen tuntemiseen?

Koska kerran ei sellaista ihmistäkään kukaan voi vakavasti rakastaa, jolle hän tietää olevansa kerran vihollinen. Mutta olkoot se poissuljettua, että sellaiset asiat olisivat tosia, jotka häviöksemme uhkaavat meille milloinkaan päättymättömän todellisen kurjuuden, mutta perättömän autuuden väliin panemisilla usein ja ilman loppua keskeytettävän kurjuuden.

Mikäpä olisi tätä autuutta sepitetympää ja petollisempaa, jossa joko emme tietäisi olevamme kerran kurjia niin suuren totuuden valossa, tai pelkäisimme onnemme linnan huipulla seuraavaksi tulevaa kurjuuttamme? Jos nimittäin tulemme olemaan tuntematta tulevaa onnettomuuttamme, taitavampi on kärsimyksemme täällä, jossa tunnemme tulevan autuutemme. Jos taasen siellä ei ole oleva salassa meitä [hurskaita] uhkaava menetys, autuaammin kärsivä sielu ohittaa ne aikansa, joista siirryttyään se huojentuu autuaaksi, kuin sellainen autuas, joka autuuksistaan siirryttyään palautuu takaisin kurjuuteensa.

Ja niinpä onnettomaan asemaamme kuuluva toivomme on onnea tuottava, onnelliseen asemaamme kuuluva toivomme on turmiollinen.[94]

Tästä seuraa, että koska täällä kärsimme läsnä olevia pahoja asioita, ja siellä pelkäämme uhkaavia pahoja asioita, voimme todellisemmin *aina* olla kurjia, kuin autuaita *joskus* [kiertokulkuihinsa uskovina].

Mutta koska nämä filosofien kiertokulut ovat valheita, hurskauden kutsuhuudon mukaisesti, totuuden meitä yhdistäessä – tuo todellinen autuutemme nimittäin luvataan meille todellisesti varmana mielenrauhana, autuus, johon kuuluu ikuisesti säilyminen eikä minkään epäonnen taholta keskeytyminen –, kun olemme *oikean tien* seuraajia, mikä tie meille on Kristus,[95] Hänen ollessa Johtajamme ja Vapahtajamme: kääntykäämme pois turhasta ja hupsusta jumalattomien kiertokulusta astuen uskon ja järjen tielle.

Jos nimittäin platonisti Porfyrius ei ole tahtonut seurata aatetovereidensa mielipidettä noista kiertokuluista ja sielujen taukoamattomista, vuorottelevista kuluista ja takaisin paluista, joko itse asian löyhämielisyyden ratkaisevasta vaikutuksesta tai jo tuolloin kristillisenä aikakautena

[94] Vrt. Matt. 5:4; Luuk. 6:21 s., etc.
[95] Joh. 14:6.

kristillisyydelle kunnioitustaan osoittaen;[96] ja, mitä kymmenennessä kirjassani mainitsin, että hän on tahtonut sanoa, että sielu tunnistettavien pahojen asioiden johdosta maailmastaan siirryttyään, ei kärsi enempää mitään sellaista pahuutta, koskapa se on niistä vapahdettuna ja puhdistettuna, kun hän on palannut Isän luo: kuinka paljoa pikemmin meillä on aihetta kirota ja välttää tuota kristinuskoa kohtaan vihamielistä valhetta!

Mutta näiden loppuun asti tyhjien, perättömien ja eksyttävienkin kiertokulkujen tähden mikään välttämättömyys ei pakota meitä arvelemaan, ettei ajoilla olisi sellaista alkuansa, mistä alkaen ihmislaji alkoi olla olemassa. Sillä en tiedä, minkä kiertokulkujen avulla asioihin ei sisältyisi mitään uutta, sikäli kuin sitä uutta ei olisi ollut olemassa jo aikaisemminkin aikakausien tietyin jaksoin, ja [vastaavasti] myöhemminkään sitä uutta ei olisi oleva.[97]

Jos näet vapautetaan sielu, joka ei ole palautuva takaisin kurjuuksiinsa, niin kuin sielu milloinkaan aikaisemmin ei ollut vapautettuna, siinä tapahtuu jotakin sellaista, mitä aikaisemmin koskaan ei ollut tapahtunut, ja tämä juuri sangen suurta on: se on se, mikä ei milloinkaan tule päättymään iankaikkisena autuutena.

Mutta jos *kuolemattomaan luontoon* tapahtuu näin suuri uusi asia milloinkaan toistumattomana, minkään kiertokulun sitä milloinkaan toistamatta, miksi väitetään, ettei uutta voisi tapahtua *kuoleman ehdon alaisiin asioihin?*

Jos he sanovat, ettei sieluun synny autuutta uutena asiana, koska autuus palaa sellaiseen sieluun, jossa se on aina ollut, juuri tuo pahasta vapautuminen varmasti on suuri asia, silloin kun sielu vapautetaan kurjuudestaan siihen autuuteen, missä se ei koskaan ole ollut; ja itse kurjuus on uutena asiana, kun se on tapahtunut siinä, missä sitä ei milloinkaan ole ollut.

---

[96] Kts. X,30, jossa Augustinus sanoo, että Porfyrius oli tahtonut oikaista Platonia ja opettajaansa Plotinosta näiden mielipiteistä kiertokulkujen suhteen, koska Porfyrioksenkin mukaan vain paluu Jumalan tykö tuo varmuuden autuudesta ja estää paluun pahuuksiin ja jatkuvat kiertokulut.

[97] Tämä on darvinismin suurin ongelma, mistä uutta elämää syntyy. Jos vastataan: alkuräjähdyksestä, kysymme: mistä alkuräjähdyksen aineet ovat peräisin. Tai, jos vastataan: alkuliemestä vuosimiljardien kuluessa mutaatioin, kysymme yhtäältä mistä alkuliemi on peräisin, ja toisaalta, millaisen mekanismin kautta, niin että elämä voi syntyä ja pysyä ympäristössään. Tai jos vastataan, että tuota pikaa tutkimus on selvittävä, miten kaasut, alkuliemet, mutaatiot jne. synnyttävät paitsi kemiallisia reaktioita tai mekaniikkaa, myös uutta elämää tai alkuainetta, kuten kultaa, vastataan, että sitä on uutterastikin yritetty ja pitkään väitetty tapahtuvaksi. – Raamatun vastaus elämän synnystä on kaikkialla sama, niin luomissanoissa kuin Kristuksen opetuksessa: *Henki on se, joka eläväksi tekee, ei liha [aine] mitään hyödytä* (Joh. 6:63). Tähän Augustinus liittyy kaikkialla, esim. Confessiones-teoksessakin sanoen: ”Jokainen kivi huutaa minulle: `Minä itse en ole tehnyt itseäni.`”

– Kristillisyyshän Saarnaajan-kirjan mukaisesti tunnustaa vuodenaikojen kiertokulun, jota eräät filosofit laajensivat ja sovelsivat filosofiseksi kiertokuluksi niin, että jollei aikaisemmin jotakin ole tapahtunut, uudessakaan filosofisessa kierokulussa ei mitään uutta ole, luonnon lain tapaan. Asiaa Augustinus tarkasteli **edellä XII,14**. Nämä filosofit siis kiertokulkuihin vedoten kielsivät, ettei Jumalakaan voi synnyttää uutta elämä ajassa, siis kielsivät Jumalan Isänä.

– Muutoin, Salomon pyrkimyksenä Saarnaajan-kirjassa on kirjan keskeisellä väitteellä: *”Kaikki on turhuutta ja tuulen tavoittelua”,* ennen muuta sanoa, että kaikki inhimillinen pyrkimys ilman uskoa Jumalan sanaan, jumalanpelkoa ja yhteyttä Jumalaan on turhuutta, jopa viisauskin, josta Salomo itse on malliesimerkki. Kun näet Jumala ennen Salomon katumusta ja uudistunutta viisauttaan ja jumalanpelkoa otti kätensä pois Salomonin yltä, naiset veivät hänet epäjumalanpalvelukseen hänen aiemmasta viisaudestaan huolimatta. Vrt. Saarn. 7:27 ja virsi 299:8.

Mutta jos tämä uusi asia niissä asioissa, joille Jumala on peräsimessä, ei tullut esiin säännönmukaiseen tilaan (ordinem), vaan pikemminkin tapahtui sattumalta, missä tavassa sitten ovat rajoitetut ja mitatut nuo kiertokulut, joissa mitään uusia asioita ei olisi tapahtunut, vaan olisi toistettu samat asiat, jotka olisivat olleet olemassa? Jos taasen noitakaan uusia asioita (kurjuudesta vapautumista tai siihen tulemista) ei suljeta pois Jumalan edeltätietämyksen mukaisesta järjestyksestä – olipa sielu luotuna tai langenneena – voi uusi sellainen asia tapahtua, mitä toisaalta ei aikaisemmin ollut tapahtunut, ja mikä toisaalta ei tosiasioiden ja ilmiöiden (rerum) järjestykseen katsoen ole niille vieras.

Ja jos sielu on voinut vahingokseen aikaansaada ymmärtämättömyytensä tähden uutena asiana kurjuutensa, joka Jumalan edeltätietämiselle ei ollut edeltä tietämätön, niin että uusi kurjuuskin sisällytettiin tosiasioiden ja ilmiöiden (rerum) järjestykseen, ja Jumala vapautti sielun tästä kurjuudestaan edeltätietämisensä mukaisesti, millä inhimillisyyden perättömyyden umpimähkäisyydellä sitten rohkenemme kieltää sen, ettei Jumala voisi tehdä tosiasioitaan ja ilmiöitään (res) – ei itsensä hyväksi, vaan maailman hyväksi – sellaisina uusina asioina, joita hän ei aikaisemmin ollut tehnyt eivätkä ne hänelle milloinkaan olleet edeltä tietämättömiä?

Mutta jos he sanovat, että vapautetut sielut eivät kumminkaan tule palautumaan kurjuuteensa, vaan se palautumattomuus tapahtuu, silloin kun mitään uutta asiaa ei tosiasioissa tapahdu, koskapa aina toiset sielut toistensa jälkeen ovat olleet kurjuudestaan vapautettuina, vapautetaan ja tullaan vapauttamaan, tällöin todellakin he myöntävät, että jos asia näin on, silloin syntyy yhä uusia sieluja, joilla on uutena asiana kurjuutensa ja uutena asiana siitä vapautuminen.

Sillä jos he sanovat, että on olemassa tuollaisia muinaisia sieluja ja vastakkaiseen [aikajanan] suuntaan iankaikkisia sieluja, joista päivittäin syntyy uusia ihmisiä, joiden ruumiista sielut tuolla tavalla vapautetaan, jos he viisaasti elävät, niin etteivät sielut milloinkaan palaudu kurjuuteensa, he johdonmukaisesti tulevat sanoneeksi, että sieluja on rajattomasti.

Sillä olipa sielujen määrä ollut rajattu alun perin kuinka suureksi tahansa, se lukumäärä ei saattaisi pysyä riittävänä *rajattomien* kiertoaikajaksojen tähden, niin että siitä alkuperäisestä luvusta olisivat syntyneet ikuisesti ne ihmiset, joiden sielut olisi aina vapautettava tuosta kuolevaisuutensa tilasta, ilman että ne milloinkaan enää olisivat yhtä päätä kuolevaisuuteensa palaamatta.

Eivätkä he tule millään tavalla selittämään, millä tavoin sielujen lukumäärä olisi epämääräinen asioissa, jotka he tahtovat määrätyiksi, jotta sielujen määrät voisivat olla tunnetut Jumalalle.[98]

Tämän tähden, koska ovat jo vihellettyinä ulos näyttämöltä näin hylätyt nuo kiertokulut, joihin arveltiin samoihin surkeuksiinsa sielujen välttämättä tulevan palaamaan, mitä soveliaammin jää jäljelle hyveelliselle ihmiselle kuin uskoa, ettei Jumalalle ole mahdotonta sellaisetkaan asiat, joita hän ei milloinkaan ennen ollut tehnyt, tehdä uusina asioina, sekä pitää tahtonsa silti muuttumattomana sanomattomassa edeltätietämyksessään?

[98] Vrt. Room. 11:25.

Mutta edelleen, voisiko, vai ei, alinomaisesti lisääntyä sellaisten sielujen lukumäärä, jotka tulevat vapautumaan kurjuuksistaan eivätkä enää ole niihin palaava, nähnevät itse nämä, jotka niin kovin terävästi väittelevät tieteellisesti siitä, että on pidättäydyttävä asioiden rajoittamattomuuteen.

Me puolestamme rajoitamme laskelmamme kummankin tahon näkökulmasta: Jos näet vapautettavien sielujen luku, jota aikaisemmin milloinkaan ei ollut olemassa, ei ainoastaan kerran ole ollut määräämättä, vaan myös ei milloinkaan lakkaa muodostumasta, mikä on syynä sen kieltämiselle, ettei olisi voinut tulla luoduksi sellaisia, mitä koskaan aikaisemmin ei olisi luotu? Jos puolestaan tarvitsee olla niin, että milloinkaan kurjuuksiinsa enää palaamattomien vapautettavien sielujen jokin luku on tunnettu, eikä se luku enempää enää tule kasvamaan, itse sitä lukuakaan epäilyksettä, mikä tahansakin se on oleva, aikaisemmin joka tapauksessa ei ollut olemassa; lukua, joka ei todellakaan voisi kasvaa määränsä rajaan asti ilman jotakin alkuansa, joka alku siinä loppumäärässään ei aikaisemmin koskaan ole ollut olemassa.

Jos siis tämä asia näin oli, ihminen on luotu, silloin kun ennen häntä yhtään ihmistä ei ole ollut olemassa.

Ihmislaji luotiin alkaen sen laajentaminen yhdestä ainoasta yksilöstä, muita elollisia lajeja luotiin suuria joukkoja yhdellä kertaa. Ihmislajin samuus ja yhteinen alkuperä korostavat sen ykseyttä.

Luku XII, 22

Niinpä tämän mitä vaikeimman kysymyksen tultua selitetyksi, siinä määrin kuin olen nyt pystynyt – vaikea se on Jumalan iankaikkisuuden[99] tähden, kun Jumala luo uusia asioita, ilman että Jumalan tahdossa on mitään uutuutta –, vaikeutta [sitten] ei ole nähdä paljoa mieluummin niin, että Jumala kartutti ihmiskunnan yhdestä ihmisestä, jonka Hän aluksi loi, mikä on tapahtunut, kuin että Hän olisi aloittanut ihmislajin useammasta ihmisestä.

Sillä kun Jumala valmisti toiset yksinäisinä erillään oleskeleviksi elollisiksi ja jollakin tavalla yksin kierteleväisiksi, se on: sellaisiksi elollisiksi, jotka pyrkivät suuremmassa määrin lähelle yksinäisyyttä, niin kuin ovat kotkat, (haara)haukat, (uros)leijonat ja (uros)sudet, ja mitä tahansa on olemassa tällaisia; toiset Jumala valmisti kootuiksi laumoiksi, sellaisiksi jotka mieluummin tahtovat elää yhtyneinä joukkoina ja laumoissa, kuten ovat kyyhkyset, kottaraiset, hirvet, metsäkauris(naaraat) ja muut tällaiset, Jumala kuitenkaan kumpaakaan lajia ei lisännyt yksittäisistä yksilöistä, vaan hän käski yhtäaikaisesti suuremman määrän olemassa oleviksi.

Ihmisen puolestaan, jonka luonnon Jumala loi eräällä tavalla puoliväliin enkelten ja eläinten väliin, jotta, jos ihminen asetettuna Luojansa alle, niin kuin todellisen Herransa alle, säilyttäisi hänen käskynsä pyhässä kuuliaisuudessa, Jumala siirtäisi hänet enkelten osallisuuteen saavuttaneena autuaan kuolemattomuuden, ilman enää häiritsevää väliin tulevaa kuolemaa ja ilman kaikkea elämän loppurajaa.

Jos puolestaan ihmisen luomakunnan asioiden hyväksensä käyttäminen[100] loukkaisi Herraa Jumalaansa vapaalla tahdollaan ylimielisesti ja tottelemattomasti, hän eläisi kuoleman omaksi luovutettuna eläimille ominaisella tavalla, himojensa orjana, säädettynä iäiseen rangaistukseen kuolemansa jälkeen.

Jumala oli luonut yhden ja ainoan ihmisen, ei kuitenkaan jätettäväksi pulaan yksin olevaisena ilman inhimillistä yhteisöä, vaan jotta sillä tavalla luotuna kiivaammin ihmiselle suositeltaisiin juuri ihmisyhteisön ykseyttä ja yksimielisyyden sidettä, kun ihmisiä ei sidottu keskenään yhteen vain luontonsa samankaltaisuuden avulla, vaan myös [yhdestä kantaihmisestä tulevan] sukulaisuuden kautta. Koskapa kerran jopa edes miehelleen yhdistettävää vaimoakaan Jumala ei nähnyt hyväksi luoda niin kuin miestään, vaan juuri hänestä,[101] jotta kokonaisuudessaan ihmislaji laajennettiin yhdestä ainoasta ihmisestä.

---

[99] Jos Jumalan tahto olisi muuttuvainen, se ei siis olisi iankaikkinen tahto. Jumalan iankaikkisuus tekee hänen käskynsä iankaikkisiksi. Lat. propter aeternitatem Dei nova creantis sine novitate aliqa voluntaitis.

[100] Lat. si usus offenderet. Usus = hyväksikäyttämineen, tässä siis väärällä tavalla. Termi on Augustinuksen tekninen termi, kun luomakunnan asioita käytetään joko väärin tai oikein suhteessa Jumalan käskyihin. Vrt. Kristillinen Opetus, s. 25 ind. 4.

[101] Gen. 2:22.

Jumala edeltä tiesi, että hänen luomansa ensimmäinen ihminen tulee lankeamaan syntiin, ja että se aiheuttaa hirveästi lisää syntiä ja kuolemaa. Samalla Jumala edeltä näki senkin, kuinka suuren joukon langenneesta sukukunnasta hän on siirtävä iäiseen rauhaansa ja enkeleiden osallisuuteen. Jumala teki ihmissuvun yhdestä yksilöstä suositellakseen ihmisille ihmissuvun yhdenmukaisuutta sen moninaisissa jäsenissä.

Luku XII, 23

Eikä Jumala ollut epätietoinen siitä, että ihminen on lankeava, ja että kuolemalle heti vallanalaisena ihminen on jatkava kuolemaan tulevien sukua. Ja [edelleen], että ihminen on tästä syystä levittävä kauheudella kuolevaisia ihmisiä, kun he tulevat astumaan esiin synnin edistäjinä, niin että sellaiset eläimet, joilta puuttuu [tietty] järjellinen tahto, elivät lajinsa mukaisella tavalla keskenään varjellummin ja levollisemmin kuin ihmiset – eläimet, joiden alkukanta lisääntyi vedestä ja maasta runsaana enemmän kuin ihmiset, joiden laji on peräisin yhdestä yksilöstä, jotta lisääntyneenä ollessaan yksimielisyys/harmonia (concordia) suljettaisin ihmisten suosioon. Eivät näet leijonat tai lohikäärmeet (dracones)[102] ole keskenään käyneet sellaisia sotia kuin ihmiset keskenään.

Mutta Jumala myös edeltä näki armonsa kautta pyhiensä kansan kutsuttavaksi Jumalan lapseksi ottamiseen,[103] syntiensä tultua lunastetuiksi Pyhän Hengen vanhurskauttamana, pyhiin enkeleihinsä liitettynä iäisessä rauhassa, viimeisen vihollisen – kuoleman[104] – tultua kukistetuksi.

Tälle kansalle on tämän asian tarkastelu oleva hyödyksi, että Jumala yhdestä ihmisyksilöstä oli perustanut ihmislajin suositellakseen ihmiselle, kuinka ihmislaji on Jumalalle hänen armostaan myös useammissa ihmisissä [sama] (perus)yksikkö ja yhdenmukaisuus (unitas).[105]

---

[102] Lat, dracones < kr. lohikäärme. Tarkoittanee suurpetoja, jollaisiksi ensimmäisinä luotiin hirmuliskot eli dinosaurukset. Vrt. Job. 40:10 s. Kts. myös lääkäri Pekka Reinikaisen luentoja hirmuliskojen fossiileista (YouTube´ssa) ja kirjaansa Dinosaurusten arvoitus ja Raamattu, v. 2004; sekä professori Matti Leisolan teoksia, kuten Evoluution ihmemaassa, v. 2014. – Toinen asia on, että Raamattu käyttää lohikäärmettä tai jumalatonta kuningasta tms. myös esikuvana Saatanasta, josta kts. edellä XI,15–16, s. 40 s.

– Viettelytaidon kannalta Saatanan tai turmion esikuvana on joskus myös nainen sekä Raamatussa (es. Snl. 6:24; 9:13, Saarn. 7:27) että kirkkotaiteessa (es. Michelangelon freskossa, joka esittää syntiinlankeemusta Sikstuksen kappelissa, Saatana kuvataan ylävartaloltaan naiseksi ojentamassa kiellettyä hedelmää Eevan käteen). Toisaalta Raamattu (puhumattakaan taiteista) ylistää paljon naisen kauneutta ja monia hyveitä (es. Snl. 31:10–31), mutta ottaa kaikkialla huomioon miehen ja naisen fyysisen ja sielullisen luonnon eron, kuten tehtävissä, viroissa ja vaatimuksissa yhteisön jäsenille. Vaikka kaikkia hyveitä (tiedoista ja varoista alkaen) voidaankin aina käyttää myös vaarallisesti väärin, silti mitään hyveitä sinänsä ei tietenkään voida väheksyä.

[103] Vrt. Gal. 4:5 etc.
[104] Vrt. 1 Kor. 15:26.

[105] Lat. quam ei gratia sit etiam in pluribus unitas. Unitas, yksikkö, yhteys, harmonia, yhdenmukaisuus. Saks. Einheit. – Kun siis pelastettavien kanta on yksi, pelastava armokin on yksi yksikkö, yhteinen ja sama, luoden yhteyden. Vrt. Room. 5:18.

Jumala loi ihmissielun kuvaksensa; kuinka luovan Jumalan käsi poikkeaa työssään työskentelevän ihmisen kädestä.

Luku XII, 24

Jumala on siis tehnyt ihmisen kuvaksensa.[106] Hän näet loi tälle sellaisen sielun, johon nähden ihmissielu on järkensä ja älykkyytensä puolesta etevämpi kaikkia elollisia olentoja, maalla toimivia, uivia ja lentäviä, jotka olennot eivät omaa ihmisen sielun määräistä ajatuskykyä.

Ja koska Jumala oli muodostanut miehen maan tomusta ja häneen tuollaisen sielun, jollaisen mainitsin, joko pantuaan puhaltamalla häneen sen sielun, jonka jo oli tehnyt, tai mieluummin puhaltamalla Hän oli tehnyt sielun ja tuulenhengeksi/tuulahdukseksi (flatum) teki hänet, jonka teki puhaltamalla – näet, mitä muuta on ′puhaltaa′ kuin ′tehdä tuulenhenki/tuulahdus′?, – Jumala oli tahtonut ihmisen sielun olevan olemassa.[107]

Jumala teki miehelle myös puolison suvun jatkamisen avuksi, miehen kylkiluusta sen hänestä poistettuaan, niin kuin Jumala tekee.[108]

Eikä näitä Jumalan tekemisiä pidä ajatella materiaalisen tottumuksemme mukaisesti, kuten tapaamme nähdä käsityöläisiä valmistamassa mistä tahansa maisesta materiaalista ruumiillisten käsiensä avulla sitä, mitä he ovat pystyneet saamaan taiteellisella toimeliaisuudellaan. **Sillä Jumalan käsi on Jumalan kyky,** joka työskentelee näkyväisiäkin asioita näkymättömästi.[109]

Mutta näitä asioita mieluummin taruihin kuuluviksi kuin tosia oleviksi arvelevat ne, jotka arvioivat Jumalan kyvykästä ominaisuutta ja viisautta, jolla hän varmasti tietää ja kykenee myös ilman siemeniä tekemään itse siemenen, lähtien arvioissaan mainituista tavallisista ja jokapäiväisistä aikaansaannoksista. Niitä asioita, puolestaan, jotka ensimmäiseksi on perustettu, he ajattelevat epäuskoisesti, koskapa eivät niitä ole tienneet. He arvioivat niitä ikään kuin vieläpä nekään asiat, jotka he ovat tunteneet inhimillisistä hedelmöitymisistä ja synnytyksistä, eivät näyttäisi vähemmän uskottavilta, jos niistä kerrottaisiin perehtymättömille; kuinka tahansakin juuri nämäkin asiat enimmät lukevat pikemminkin luonnon aineellisten perusteiden ansioksi kuin Jumalan ajatuksen ansioksi.

---

[106] Gen. 1:27.

[107] Vrt. Gen. 2:7. Lause latinaksi: Et cum virum terreno formasset ex pulvere eique animam qualem dixi sive quam iam facerat sufflando indidisset sive potius sufflando fecisset eumque flatum, quem sufflando fecit – nam quid est aliud sufflare quam flatum facere? –, animam hominis esse voluisset.

[108] Vrt. Gen. 2:21–22.

[109] Jumalan (erityisesti myös Kristuksen) *vaikutuksen* Paavali ilmaisee Jumalan kädeksi Gal. 3:19, mistä katso Augustinus, Kristillinen Opetus, s.159, ind. 2, ja Jumalan valtio XI,29, s. 64, ind. 134. – Kaikissa tai useimmissa Raamatun kertomissa ihmeissähän, kuten tuhansien ruokkimisessa muutamalla leivällä ja kalalla, Jumala on tuottanut näkyvät asiat näkymättömästi.

Enkeleille ei ole luettava minkäänlaisten pienimpienkään olioiden luomista.

Luku XII, 25

Mutta tällaisten epäuskoisten ihmisten kanssa meillä ei ole heidän kirjojensa johdosta mitään tekemistä. Tällaiset ihmiset eivät usko, että Jumalan ajatuskyky on mainitut asiat tehnyt tai toimeenpannut.

Mutta ne, jotka uskovat Platoniansa, helposti tulevat olemaan vailla sellaistakin erehdystä, missä erehdyksessä maailmaa ei olisi valmistanut ylin Jumala, vaan toiset pienemmät tekijät Hänen suostumuksellaan tai käskystään olisivat tehneet kaikki elolliset olennot[110] – joiden joukossa ihminen saavutti erityisen, jumaliin itseensä nähden samanluontoisen arvoaseman –, jos platonistit olisivat vailla tällaista taikauskoa, mitä vailla he [tosin] pyrkivät olemaan, mistä taikauskosta johtuen pyhät asiat ja uhrit näyttivät tehdyiksi oikeutetusti kuin heidän luojilleen.

Eikä ole oikeutettua uskoa ja sanoa minkään luontokappaleen Luojaksi – olkoot se luotu kuinka tahansakin kaikkein vähäisin ja kuolevainen –, paitsi Jumalaa, ja sanoa noin [jopa] ennen kuin luotua kohdetta voidaan ymmärtää.

Mutta enkeleitä, joita taikauskoiset varsin mielellään kutsuvat jumaliksi, vaikka enkelit käskettyinä tai sallittuina yhdistävät toimintansa asioihin, jotka maailmassa syntyvät, emme katso niin paljoa luontokappaleiden luojiksi, kuin emme myöskään nimitä maanviljelijöitä hedelmien ja puiden luojiksi.

---

[110] Vrt. Penguin Classics editio, s. 504, ind. 78, jonka mukaan erityisesti epikurolaiset edustivat tätä käsitystä.

Vaikka eri ismien, oppisuuntien tai puolueiden näkemykset ja ihanteet olisivat oikeitakin, kuten antiikissa oli esim. ihanne ”terve sielu terveessä ruumiissa”, ei se vielä riittänyt estämään antiikin kulttuurin häviötä, kuten muutkaan ihanteet eivät sinänsä riitä niiden toteuttamiseen, koska *Jumala ei anna kunniaansa epäjumalille*, vaan ihanteen toteuttaminen edellyttää aina Jumalan tuen Kristuksessa. Jes. 42:8; Joh. 5:44, 12:43 etc. Katso hakusana ′kunnia′ Raamatun hakusanakirjan avulla sekä VT:n että UT:n osalta. Jumalan kunnia on se, jota jokainen Raamatun sana todistaa, ja joka kunnia ylittää ihmisten toisilleen suoman kunnian.

Eihän edes sekään, että joku tietää, mikä on oikein jossakin asiassa, vielä takaa sitä, että tämä myös tekee oikean tietonsa mukaisesti, kuten Augustinus opettaa edellä esim. XI,28: ”Eihän hyvällä syyllä sanota hyväksi mieheksi sellaista, joka tietää sen, mikä hyvää on, vaan sellaista, joka rakastaa sitä hyvää.” Toisaalta hän sanoo myös: ”Kukaan ei voi rakastaa hyvää, jollei sitä hyvää tiedä.” Augustinus, Herramme Vuorisaarna, s.8 ind. 4; Henki ja Kirjain 32:56; 36:64 etc.

Koko universumin kaiken luonnon on yksinomaan Jumala luonut – eivät myös enkelit ja ihmiset ilman Jumalan valmistelua ja keskeytymätöntä läsnäoloa. Jumalan sisäinen vaikutusvoima antaa myös olentojen ulkoisen hahmon.

Luku XII, 26

Yksi asia nimittäin on se materiaalin ulkoinen olento, joka ulkoa päin pannaan osalliseksi mihin tahansa aineelliseen materiaaliin, kuten työskentelevät materiaa muokkaavat ihmiset, sepät ja sellaisen lajin käsityöläiset, jotka myös maalailevat ja mukailevat elollisten olentojen ruumiin mukaisia ja niiden kaltaisia muotoja. Ja toinen Asia puolestaan on se, mikä yksinäisyydestään ja kätköstään sisällisesti omaa aikaansaavat vaikuttavat syyt elävän olennon hyväksi ja tämän älyn vapaan harkintakyvyn[111] hyväksi. Tämä vaikuttava Asia ei tee vain ruumiiden luonnollisia ulkomuotoja – sillä aikaa kun tämä vaikuttava Tekijä itse ei tule joksikin, [vaan on muuttumaton] –, vaan tekee myös itse jonkin luontoiseksi tulevan olennon sielut.

Ensiksi sanotut ulkoiset hahmot luetaan itse kunkin käsityömestarin työksi, tämä jälkimmäinen [eläväksi tekevä sisäinen] asia puolestaan luetaan ainoastaan yhdelle Mestarille, Luojalle ja perustajalleen, Jumalalle, hänelle, joka on tehnyt maailmankaikkeuden ja enkelit, ja tehnyt ne ilman mitään maailmaa ja ilman enkeleitään.

Tällä jumalallisella vaikutuksellaan (vi divina), ja niin sanoakseni toimeenpanemiseen kuuluvalla vaikutuksellaan, minkä vaikutuksen tapahtumista vaikutus itse ei saa aikaan (fieri nescit), mutta se osaa toimia, Jumala otti toimittaakseen sen ulkonaisen olotilan, kun syntyivät maailma, taivaan pyöreys ja auringon pallomaisuus. Samalla jumalallisella voimallaan ja tuottavalla vaikutuksellaan, mikä itse ei osaa sitä, että se toimii, mutta se tapahtuu, Jumala on ottanut toimittaakseen silmän pyöreyden ja hedelmän pyöreyden ja muut luonnolliset muodot, jotka näemme kussakin syntyvässä asiassa, ei ulkonaisesti niihin liitettyinä, vaan Luojansa syvällisimmästä vaikutuskyvystä, Hänen, joka on sanonut: *Minä täytän taivaan ja maan,*[112] ja jonka *on viisaus, joka väkevästi ulottuu rajasta rajaan, ja joka järjestää kaiken suloisesti.*[113]

Senpä vuoksi en tiedä, millaisen palveluksensa enkelit ensimmäiseksi luotuina tarjosivat muita asioita tekevälle Luojalleen, enkä tohdi lukea heidän hyväksensä sellaista, mitä he eivät ehkä voi, eikä minun myöskään pidä vähentää sitä, mitä he pystyvät. Kuitenkin luen Jumalalle kaikkien luontojen luomisen ja sen ehdon, minkä tähden tapahtuu, että luonnot yleensä ovat olemassa. Luen tämän enkeleihinsäkin nähden, jotka antavat suosionsa Hänelle, jolle enkelten itsensäkin piti lukea se, että he ovat olemassa, silloin kun he sen tiesivät kiitollisuutensa osoituksin. Emme siis ole sanomatta vain kunkin hedelmän maaviljelijöitä luojiksi, kun luemme: *Eikä ole jotakin se, joka istuttaa, eikä se, joka kastelee, vaan Jumala, joka kasvun antaa*[114]*,* vaan emme sano itsestään maastakaan, vaikka kuinkakin se näyttää kaikkien hedel-

---

[111] Vapaalla harkintakyvyllä tarkoitetaan ihmiseen vapaata tahtoa, jossa hän voi valita ilman pakottavia tahtonsa pidäkkeitä sen, mitä Jumala tahtoo ja käskee. Vrt. Luther, Sidottu Ratkaisuvalta.

[112] Jer. 23:24. Vertaa myös 1 Kun. 8:27; 2 Aik. 2:12; Ps. 8, Gen. 1:1–2:1; Apt. 4:24; 14:15, Ilm. 10:6 etc.

[113] Viis. 8:1; Snl.8:1 s.; Room. 16:27 etc. Lat.: Caelum et terram impleo, et cuius sapientiae est, quae adtingit a fine ad finem fortiter et disponit omnia suaviter.

[114] 1 Kor. 3:7.

mällisten asioiden äidiltä, joka edistää iduillaan esiin puhkeavia asioita ja juurillaan pysyttää pysyväiset kasvit, kun vastaavasti luemme: *Jumala antaa kasville varren, niin kuin tahtoo, ja itse kullekin siemenensä oman varren.*[115]

Samoin ei meidän pidä lapsivuoteessaan olevaa naistakaan nimittää luojattareksi, vaan mieluummin Häntä, joka on sanonut eräälle palvelijalleen: *Ennen kuin minä valmistin sinut äitisi kohdussa, minä sinut tunsin.*[116] Ja vaikkakin raskaana olevan sielu niin ja näin vaikutettuna omaisi joihinkin synnytettäviinsä vaikutusvaltaa ikään kuin pukea laaduillaan vesansa, niin kuin Jaakob teki vaihtelevan värisillä oksilla,[117] niin että synnytettiin erivärisiä lampaita, kuitenkaan siinä määrin ei emä tehnyt sitä luontoa, joka synnytetään, kuin se itse ei ole tehnyt itseäänkään.

Mitä tahansa siis aineellisia tai siemeneen kuuluvia aiheita otetaan osallisiksi synnyttävän asioihin – joko enkelien tai ihmisten tai eläimistä kunkin toimilla, tai urosten tai naarasten synnyttämiseen osallistumisilla –; ja mitä tahansakin myös äidin kaipaukset tahi sielunliikkeet omaavat vaikutusvaltaa sirotella piirteistänsä tai väreistänsä, herkin ja taipuisin sijaa antamisin, itse luonnot, ne, jotka niin ja näin lajinsa mukaan tilaansa varustetaan, tekee, ei kukaan muu kuin ylin Jumalamme. Hänen salattu vaikutusvoimansa kaiken lävistäen saastumattomalla läsnäolollaan[118] aikaansaa olemassa olemaan, mitä tahansakin jollakin tapaa on olemassa, millainen tahansa se sitten onkin. Sillä jollei tämä Jumalan tekemänä olisi sellainen tai sellainen, niin sitten se suorastaan ei lainkaan voisi olla olemassa.

Tämän tähden, jos siinä ulkoisessa lajissa, jonka työntekijät ulkoapäin materiaalisilla asioilla tuottavat, emme sano, että Rooman ja Aleksandrian kaupungeilla oli luojinaan ammattilaiset ja rakennusmestarit, vaan kuninkaansa, joiden tahdosta ylivaltansa harkinnan mukaisesti ne valmisteltiin, ja sanomme Roomalla ja Aleksandrialla olleen luojinaan tietyn kuuluisan Romuluksen ja tietyn kuuluisan Aleksanterin. Kuinka paljoa pikemmin meidän tulee sanoa vain Jumalaa luontojen luojaksi, joka ei tehnyt jotakin sellaisesta materiaalista, jota itse ei olisi tehnyt, eikä hänellä ollut sellaisia apureita, joita hän itse ei olisi luonut. Ja jos hän vaikutusvoimansa – niin sanoakseni: valmistelijalle kuuluvan vaikutusvoimansa – vetää pois asioista, niitä ei ole oleva, niin kuin ennen kuin ne syntyivät, niitä ei ollut olemassa. Kuka nimittäin muu on aikajaksojen Luoja, paitsi Hän, joka teki ne ajat, joiden vaihtumisen tähden aikakaudet kulkevat eteenpäin?

---

[115] 1 Kor. 15:38.

[116] Jer. 1:5.

[117] Gen. 30:37–39.

[118] Lat. incontaminabili praesentia. Penguin classic -editio: by its presence, yet free from contamination, Jumalan läsnäololla, joka kuitenkin on vapaa saastumisesta. Saksalainen editio: mit ihrer unausschaltbaren Gegenwart, läsnäolollaan, jota on mahdotonta erottaa (kuin sähkövirtaa vaikutuksestaan). – Joka tapauksessa Augustinus selittää tässä Jumalan vaikutuksen synnytyksessä erottamattomaksi. Sekin puolestaan, ettei Jumala siinä muutu tai saastu on selvää, ja vastannee latinan sanaa incontaminabili. Sillä asialla, ettei Jumalan olemus saastu yhteydestä luotuunsa, Augustinus vastusti manikealaisia, jotka luulivat niin tapahtuvan.

Platonin kannattajien mielipiteestä, jotka ovat arvelleet, että Jumala tosin on luonut enkelit, jotka puolestaan ovat vähempiarvoisempina jumalina ruumiiden luojia. Tämä ja myös platoninen kunnottoman elämän sovittamisen oppi torjutaan.

Luku XII, 27

Niinpä todellakin Platon on tahtonut, että korkeimman Jumalan luomat vähäarvoisemmat jumalat olisivat olleet muiden elollisten olentojen aikaansaajia, niin että nämä ottivat elollisille kuolemattoman osuuden itseltään Jumalalta, mutta he itse kutoivat siihen kuolevaisen osuuden. Näin ollen Platon ei tahtonut näiden alijumalien olla sielun luojina, vaan ruumisten.

Tästä johtuu, että Porfyrius seuraa platonisteja, koska Porfyrius sanoo, että sielun puhdistamisen tähden on paettava kaikkea ruumista, ja samalla Platoninsa ja muiden platonistien kanssa on sitä mieltä niistä, jotka elävät kurittomasti ja kunniattomasti, että he palaavat sovitettavan rangaistuksensa tähden kuolevaiseen ruumiiseen – Platon tosin myös eläinten ruumiiseen, Porfyrius vain ihmisten. Platonistithan sanovat jumaliksi noita [alijumalia], joita he tahtovat meidän palvovan kuin meidät alkuun panneita vanhempiamme ja luojiamme. Eivätkä nämä jumalat ole mitään muuta kuin kahleittemme ja vankiloittemme tekijöitä. Eivät ne myöskään ole meidän rakentajiamme, vaan saartajiamme ja kiinni köyttäjiämme vaivalloisilla kuritushuoneillaan ja kamalilla kahleillaan.

Platonistit siis joko heretkööt sielujen rangaistusten uhkauksistaan, jotka rangaistukset perustuisivat noihin mainittuihin ruumiisiin, tai älkööt julistako meille palvottaviksi noita jumaliaan, joiden toimintaa meissä paetkaamme ja välttäkäämme niin paljon kuin voimme. Platonistit kehottavat [meille] tätä, koskapa kumpikin edellä sanottu vaihtoehtonsa on mitä valheellisinta asiaa. Sillä eivät platonistit tuolla tavalla sovita sielujen rangaistuksia, silloin kun he pyörähtävät uudelleen mokomaan rankaisevaan elämään. Ja kaikkien elävien olentojen Luoja – joko taivaassa tai maassa – ei ole kukaan muu, paitsi Hän, joka on tehnyt taivaan ja maan.

Sillä jollei ole mitään muuta elämisen syytä tässä ruumiissamme kuin vain suoritettavan rangaistuksen tähden, miten samainen Platon silti sanoo, ettei maailma olisi voinut tulla mitä kauneimmaksi ja parhaimmaksi, jollei sitä täyttäisi kaikkien elollisten olentojen lajit – se on: kuolemattomien ja kuolevien? Edelleen, jos elämämme järjestely, jonka tähden myös kuolevaisiksi olemme luotuja, on Jumalan lahja, miten rangaistusta on palaaminen tuohon ruumiiseen, se on: Jumalan hyvään työhön? Ja jos Jumala – kuten Platon alinomaa mainitsee – , iankaikkisella ymmärryksellään sulkee piiriinsä kuten koko maailman ilmenemisineen niin kaikkien elollisten olentojen erikoislajitkin, miten sitten Hän itse ei olisi luonut [lajeissa] kaikkea [myös ruumiita]? Vai eikö Hän olisi halunnut olla kaikkien lajien laatija, joihin synnytettävän taitavuuden Jumalan lausumaton ja lausumattomasti ylistettävä ymmärryskyky piti vallassaan?

Ensimmäisessä ihmisessä astui esiin ihmislaji. Hänen jälkeläisistään Jumala salatusti, mutta oikeudenmukaisesti edeltä näki, mikä osuus siitä tulee liittymään hyviin enkeleihin ja pelastukseen, mikä pahoihin enkeleihin ja tuomioon. – Tämä kirja päätetään ensimmäiseen ihmiseen ja hänen ja vaimonsa luomisen seurauksiin Jumalan edeltätietämyksen mukaisesti.

Luku XII, 28

Niinpä oikean uskonnon ansiollisuutta[119] on se, kenet tämä uskonto on oppinut tuntemaan koko maailman Luojaksi, ja Hänet myös kaikkien elollisten olentojen luojaksi – se on: henkien ja ruumiiden. Ja oikean uskonnon ansiollisuutta on se, että tämä uskonto Häntä sellaisena julistaa.

Näistä elollisista maallisista olennoista Hän on luonut erityisenä yksistään ihmisen omaksi kuvaksensa, siitä syystä, minkä olen sanonut,[120] myös vaikka ehkä jokin muu syy olisi kätkössä mainitsemaani syytä suurempana; mutta ihmistä ei jätetty yksinäiseksi. Ja eihän ole olemassa mitään elollisen olentojen lajia, joka on niin kuin ihminen siinä määrin riidanhaluinen siveellisen vikansa vuoksi, ja siinä määrin yhteiskunnallinen luonnostaan.

Eikä olisi puhuttu otollisemmin ihmisluonnon tähden sen eripuraisuuden vikaa vastaan – joko varottavaksi, jottei sitä esiintyisi, tai parannettavaksi, kun vikaa on ilmennyt – kuin lausuen ihmisluonnon esi-isän [=Adamin] muistelemisen. Hänen ihmisluontonsa, josta väkijoukko lisättiin, Jumala sen vuoksi on tahtonut luoda yhdeksi ja samaksi, jotta tämän asian muistiin johdattaminen varjelisi yksimielisen, erottelemattoman kokonaisuuden. Koska todellakin Adamille tehtiin vaimo[121] hänen kyljestään, tässäkin on riittävästi tehty merkityksi, kuinka armaan aviomiehen ja vaimonsa liiton kuuluu olla.

Nämä Jumalan teot ovat joka tapauksessa sen tähden epätavalliset, koska ne ovat etumaiset. Mutta ne, jotka näitä tekoja eivät usko, eivät ole velvolliset uskomaan mitään tapahtuneita enteitä, eivätkä nimittäin juuri niitäkään, jos luonnon harvinainen kiertokulku aiheuttaa sellaisia, mitä sanotaan ennemerkeiksi.

Mutta mitä hyödyttömästi syntyy Jumalan niin suuren edeltänäkemisen ohjauksessa, vaikkakin tuon ohjauksen syy olisi piilossa? Eräs pyhä Psalmi sanoo: *Tulkaa ja katsokaa Herran töitä, jotka hän on pannut ennusmerkeiksi maan päälle.*[122]

---

[119] Lat. Merito igitur vera religio, quem…

[120] Vrt. XI,26, s. 58. Siinä Augustinus sanoo mm.: "Itsessämme olevaa olemusta lähempänä Jumalaa ei ole olemassa mitään luontoa Jumalan luomissa asioissa sellaisena Jumalan kuvana, joka pitää yhä uudistamalla saada päätökseensä, jotta se kuva olemuksensakin/sydämensä samankaltaisuudessa olisi Jumalan kuva." Muualla hän monissa paikoissa opettaa, että ihmisen tulee yhtyä Jumalan kuvaan, koska Jumala on hyvä ja on olemassa, joten mekin voimme lopulta olla olemassa vain hänen hyvyytensä ja rakkautensa mukaisina, häneen yhtyneinä. Vrt. Raamatussa esim. Hebr. 1:3; 2 Kor. 3:18.

[121] Lat. femina -ae f. [vartalo felo, imeä], alkujaan ´imettävä´, 1. nainen, vaimo, 2. naaras (Streng). Gen. 2:21–22.

[122] Ps. 46:9. Lat. *venite et videte opera Domini quae posuit prodigia super terram*. Näin myös Vulgatassa. Ja edelleen myös LXX.ssä, jossa sanaa *prodigia* vastaa *´terata´, merkkejä, ihmeitä, ihmetyksiä (konkreettisina hirviöitä).* < Biblia Hebraica: אֲשֶׁר־שָׂם שַׁמּוֹת בָּאָרֶץ׃, *…jotka tekonsa Jumala on pannut ihmetyksinä (ihmettelyn kohteina) maan päälle.*

Se, miksi [=minkä ihmeen tähden] näin ollen nainen on tehty miehen kyljestä, ja minkä tähden tämä asia on jotakin jollakin tavalla ennakoiden kuvannut, tullaan sanomaan toisessa kohdassa,[123] siinä määrin kuin Herramme on minua auttava.

Mutta koska tämä kirja on nyt päätettävä tämän ensimmäisen ihmisen kohdalla, joka ensimmäiseksi on tehty, arvioikaamme sitten seuraavaksi ihmissuvun yhteisöt ikään kuin kahtena valtiona, emme tosin vielä selvyytenä (evidentia), mutta kuitenkin jo esiin astuneina yhdenmukaisesti Jumalan edeltätietämyksen kanssa: tuosta ensimmäisestä ihmisestä näet tulivat vastedes olemaan ihmiset, toiset pahojen enkeleiden hyväksi vaivan alaisuuteen, toiset hyvien enkeleiden hyväksi heihin yhdistämisen palkintoon, vaikkakin Jumalan salatun tuomion mukaisesti, silti kuitenkin oikeudenmukaisen tuomion.

Näet, koska on kirjoitettu, *Kaikki Herran tiet ovat laupeus ja totuus*,[124] niin ei voi Hänen armonsa olla laiton,[125] eikä oikeutensa julma.[126]

---

[123] Vrt. XII,17. Tässä luvussa Augustinus käsittelee kysymystä, tuleeko nainen pitämään sukupuolensa ylösnousemuksessa, mitä jotkut olivat epäilleet sillä perusteella, että hänet luotiin miehen kyljestä. Augustinus sanoo, ettei naisen sukupuoli ole vajavaisuus, vaan kaunistus, joka tulee säilymään myös ylösnousemuksessa. Mutta sikäli naisen luominen miehen kylkiluusta oli ennusmerkki, että Jumala *'rakensi'* vaimon Adamin kylkiluusta, kuten uusi Adam, Kristus, *'rakentaa'* itselleen morsiamensa, kirkon, kylkensä haavasta. Gen. 2:22; Ef. 4:12, 5:32 etc.

[124] Ps. 25:10.

[125] Vrt. Room. 3:26.

[126] Vrt. Matt. 11:30; 1 Joh. 5:3 etc.

INDEKSI RAAMATUN KOHDISTA

Uudessa Testamentissa Raamatussa ja sivuilla

INDEKSI RAAMATUN KOHDISTA

Vanhassa Testamentissa Raamatussa ja sivuilla

Vanhan Testamentin Apokryfikirjat

INDEKSI KIRJAN HENKILÖISTÄ

Tilaa merkinnöille